The Japanese Language

호텔 관광 조리 외식

실무 기초일본어회화

신길만 · 이덕구 공저

백산출판사

머리말

현대인의 생활에는 음식과 건강이 중요한 요소로 인식되고 있다. 오늘날의 음식문화는 다양하고 그것은 각각의 문화와 생활 속에서 성숙 · 발전하여 만들어지게 되었다. 이러한 세계 각국의 음식들을 이해하고 만들기 위해서는, 또한 지역의 정서와 생활상을 알기 위해서는 언어가 필수적이다. 같은 동양문화권의 요리도 인도요리, 중국요리, 일본요리, 한국요리 등으로 세분화되어 있다. 그중에서 우리와 가장 가까운 이웃인 일본요리는 많은 영향을 주고 있으며 함께 발전하여 왔다. 또한 한류 붐과 일본인 관광객이 증가하고 있는 현실에 맞추어 음식을 전공하는 요리학도에게는 일본을 이해하고 그들의 입맛을 사로잡는 요리개발이 절실하다. 오랫동안 요리를 가르치면서 조리일본어 책의 필요성을 느껴오던바, 부족하지만 현장의 생각과 언어를 모아서 조리일본어 책을 내게 되었다.

본 교재의 특징은 조리현장에서 실제로 접하고 표현하는 인사와 조리기본, 재료, 공정, 조리기술, 조리 서비스 등의 내용으로 구성하였다는 점이다.

제1과에서 제4과까지의 처음 단락에서는 '인사와 자기가족 소개' 표현법을 정리하였다.

제5과에서 제9과까지는 '이것은 무엇입니까? 몇 개입니까? 얼마입니까? 몇 명 있습니까?' 등의 지시와 수치 내용을 알 수 있도록 서술하였다.

제10과에서 제12과까지는 '무엇을 하고 있습니까?'와 시간, 색깔 구별에 대한 내용을 담고 있다.

제13과에서 제16과까지는 전화, 얼굴에 대한 내용을 비롯하여 '이것을 주십시오'라는 내용이 담겨 있다.

제17과에서 제20과까지는 '손님의 호출, 요일, 좋아하는 것과 싫어하는 것'의 표현을 구사할 수 있도록 정리하였다.

제21과에서 제25과까지는 행동적인 표현을 이해하기 위하여 '걷는 것, 맛의 표현, 무엇을 마시겠는가? 먹는 표현'을 정리하였다. 또한 부록에서는 일본어 쓰기, 단어, 표현의 정리를 알기 쉽게 체계적으로 정리하였다.

따라서 일본문화를 이해하고 조리를 공부하는 분이나 조리분야에 종사하는 모든 분들에게 조금이나마 도움이 되길 바란다.

끝으로, 이 책이 출판되기까지 도와주신 모든 분들께 감사드린다. 그리고 백산출판사의 진욱상 사장님과 편집부 임직원 여러분들께도 진심으로 감사를 드린다.

대표저자 신길만

차 례

第1課 あいさつ 인사

あいさつ 1

会った時

- 先生、おはようございます。
- 木村さん、こんにちは。
- 山田さん、こんばんは。

お久しぶりですね。

お元気ですか。

お変わり　ありませんか。

お休みなさい

初めて会った時

① はじめまして。

② お会いできて　うれしいです。

③ どうぞ、よろしく。

④ こちらこそ　よろしく　お願いします。

새로 나온 단어

- 先生：선생님
- 木村：기무라
- 山田：야마다
- ～さん：～씨
- 元気：건강
- お願いします：부탁합니다
- 会う：만나다

인사 1

[만났을 때]

- 선생님, 안녕하세요? (아침인사)
- 기무라씨, 안녕하세요? (낮인사)
- 야마다씨, 안녕하세요? (저녁 인사)

오랜만입니다.
건강하십니까?
별고 없습니까?
안녕히 주무세요.

[처음 만났을 때]

① 처음 뵙겠습니다.
② 만나 뵙게 되어 반갑습니다.
③ 잘 부탁합니다.
④ 저야말로 잘 부탁드립니다.

あいさつ 2

- いただきます。
  ごちそうさまでした。
- のちほど　また　お目(め)に　かかりましょう。
- さようなら。
- ご両親(りょうしん)に　よろしく　お伝(つた)えください。
- お休(やす)みなさい。
- お体(からだ)を　お大切(たいせつ)に。
- 楽(たの)しい　旅行(りょこう)に　なりますように。

새로 나온 단어

- 両親(りょうしん) : 양친, 부모
- 大切(たいせつ) : 주의, 조심
- 伝える(つたえる) : 전하다
- 楽しい(たのしい) : 즐겁다
- 休む(やすむ) : 쉬다
- 旅行(りょこう) : 여행
- 体(からだ) : 몸
- ～になる : ～이 되다

인사 2

- 잘 먹겠습니다.
  잘 먹었습니다.
- 나중에 다시 뵙겠습니다.
- 안녕히 가세요. (작별 인사)
- 부모님께 안부 전해 주세요.
- 안녕히 주무세요.
- 몸 조심하세요.
- 즐거운 여행이 되시기를 바랍니다.

• いただきます(잘 먹겠습니다)

일본인들은 식사하기 전에 반드시 이 표현을 사용한다. 식사에 초대받았을 때나, 음식점에서 식사대접을 받을 때, 여러 명이 서로 더치페이로 식사를 할 때에도 「いただきます」라고 말하고 나서 식사를 시작한다. 그리고 남에게서 작은 선물을 받을 때에도, 감사의 표시로 「いただきます」, 즉 「잘 받겠습니다」라는 말을 한다.

• ごちそうさまでした(잘 먹었습니다)

이 말은, 남에게 식사 대접을 받거나 카페 등에서 음료수나 차 대접을 받았을 때 하는 말이다. 원래의 뜻은, 「ごちそう」가 「맛있는 음식」이라는 뜻으로, 「맛있었습니다」라는 의미로 하는 표현이다. 음식점에서 웨이터나 주방장에게도 「ごちそうさまでした」라는 말을 쓸 수 있다.

참고 おかわり　いかがですか。
한 그릇 더 어떨습니까?
お粗末(そまつ)さまでした。
별것 아니었습니다.
(주인 쪽에서 격식을 차리는 말로, 「별로 차린 것이 없어 미안합니다」라는 의미이다.)

● さようなら

친구나 동료, 손아랫사람과 헤어질 때 쓰는 말로 「またね」, 「また、あした」, 「じゃ、ね」라고 쓸 수 있다. 또한 그다지 친하지 않은 사람이나, 손윗사람에게는 「では」라고 한다.

● 「～なさい」의 용도는 3개뿐

「～なさい」는 명령문이므로, 일반적으로는 별로 좋게 들리지 않는다. 「おすわりなさい」(앉으세요)라는 말을 듣는 순간, 마치 명령받고 있는 느낌이 들게 되므로 쓰지 않는 편이 좋다.
「～なさい」는 정중한 명령표현이기는 하지만, 「おやすみなさい」(안녕히 주무세요), 「ごめんなさい」(미안합니다), 「おかえりなさい」(어서 오세요) 등, 관용적인 표현 이외에는 사용을 피하는 것이 좋다.

[別(わか)れる時(とき)]

① さようなら。
② では、また。
③ また、あした。
④ また、あとで。
⑤ また、お会(あ)い　しましょう。
⑥ お先(さき)に　失礼(しつれい)します。
⑦ おじゃま　しました。
⑧ おやすみ。
おやすみなさい。

헤어질 때

① 안녕히 계십시오. (안녕히 가십시오)
② 그럼 또 만납시다.
③ 내일 또 봅시다.
④ 나중에 또 봅시다.
⑤ 또 만납시다.
⑥ 먼저 실례하겠습니다.
⑦ 폐를 끼쳤습니다.
⑧ 잘 자요.
　안녕히 주무세요.

해 설

①「おはよう・おはようございます。こんにちは。こんばんは。」

「おはようございます」는 아침인사로,「おはよう」보다 더 공손한 표현이다. 또한, 상대가 자신보다 어리거나 동년배일 경우에는「おはよう」라고 한다.
「こんにちは」는 오전 10시경부터 해질 무렵까지 쓰이는 인사말이며,「こんばんは」는 저녁무렵에 만났을 때 쓰는 인사말이다. 여기서「は」는「와」로 발음한다.

②「お久(ひさ)しぶりですね」

「お久(ひさ)しぶりです」는, 누군가를 만났을 때의 인사말로「오랜만입니다」,「한참만입니다」라는 뜻이다.
「お」는 여러 가지 말 앞에 붙어 존경의 뜻, 공손한 기분을 나타내는 접두어이다.

③「お元気(げんき)ですか」

「元気(げんき)ですか(건강하십니까?)」의 앞에 존경의 접두어「お」를 붙여서 공손한 표현이 된다. 이 말은 때와 장소에 관계없이 오랜만에 만나 안부를 물을 때 사용하는 표현으로,「별고 없으세요?」,「그동안 잘 지내셨습니까?」라는 뜻이다.

④「はじめまして」

「처음 뵙겠습니다」라는 뜻이며, 공손한 말로는「はじめてお目(め)にかかります」가 있다.

⑤「どうぞ、よろしく」

「잘 부탁합니다」라는 뜻이다.「どうぞ、よろしくお願(ねが)いします」라고도 하나,「お願(ねが)いします」는 회화체에서 흔히 생략하고「どうぞ、よろしく」라고 한다.

⑥「こちらこそ」

「こちらこそ」는「이쪽이야말로」, 즉「저야말로」란 뜻이다.

⑦「さようなら」

「さようなら」는 작별인사로,「안녕히 계십시오」 또는「안녕히 가십시오」라는 뜻이지만, 매일 만나는 사람과 헤어질 때에는,「じゃあ、また。(그럼 또 만납시다), また、あした。(내일 또 뵙시다)」 등이 쓰인다.

お礼(れい)とお詫(わ)び

- どうも　ありがとう　ございます。
  いいえ、とういたしまして。
- ご親切(しんせつ)に　ありがとう。
- どうも　ご苦労(くろう)さまでした。
- お疲(つか)れさまでした。
- お世話(せわ)さまでした。
- 支配人(しはいにん)に　聞(き)き合(あ)わせてみます。
- もう一度(いちど)　話(はな)してください。
- ゆっくり　話(はな)してください。

새로 나온 단어

- 親切(しんせつ)：친절
- 聞き合わせる(ききあわせる)：물어보다, 여쭤보다
- 苦労(くろう)：고생, 괴로움
- 疲れる(つかれる)：피곤하다
- もう一度(もういちど)：다시 한번
- 世話(せわ)：신세
- ゆっくり：천천히 ↔ はやく：빨리
- 支配人(しはいにん)：지배인
  =マネージャー：매니저
- 話す(はなす)：말하다

답례와 사죄

- 감사합니다.
  천만에요.
- 당신의 친절에 감사합니다.
- 수고하셨습니다.
- 수고하셨습니다.
- 신세 많이 졌습니다.
- 지배인에게 알아보겠습니다.
- 다시 한번 말씀해 주십시오.
- 천천히 말씀해 주십시오.

▶ありがとうございます와 ありがとうございました

●일본어의 인사는 상대에 대한 배려와, 상대에게 폐를 끼친 것에 대한 사과인사가 대부분이다.

감사의 뜻을 전할 때에는 「ありがとうございます」가 일반적이다. 신세를 진 사람과 만났을 때에는, 「このあいだは　どうも　ありがとうございました」(지난번에는 감사했습니다)라고 과거형으로 말한다. 비슷한 말로 「このあいだは　たいへん　お世話(せわ)に　なりました」(지난번에는 신세 많이 졌습니다)라고 한다.

大阪 등의 関西지방에서는 사투리로 「おおきに」라고 한다. 친구에게 감사의 뜻을 전할 때에는 단순히 「ありがとう」 또는 「サンキュー」(thank you)를 사용한다.

●「ありがとう」(고맙다)는 한자로 「有難う」로, 「세상에 있기(有)가 어렵다(難)」는 말로, 「세상에 있기 어려운 일을 해주니 고맙다」는 뜻이다.

•「どうもありがとう」

「どうも、ありがとうございます(대단히 감사합니다)」를 절친한 사이에서는 「どうも、ありがとう(참 고마워요)」라고 줄여서 말할 수 있으며, 아주 격의 없는 사이에서는 더 줄여서 「どうも」라고도 쓴다.

•お疲れさま、ごくろうさま

한국어의 「수고하십니다」의 일본어 표현이다. 수업이 끝난 뒤에 선생님에게 「お疲れさま」, 「ごくろうさま」를 쓸 수는 없다. 왜냐하면 이 말은, 손윗사람이 아랫사람에게 쓰는 표현이기 때문이다. 선생님께는 「ありがとうございました」라고 하도록 하자. 「お疲れさま」는 회사 동료 간에 일이 끝나 퇴근할 때 하는 인사 정도로 사용된다. 즉, 대등한 위치의 사람이거나 손아랫사람, 신문이나 물건을 배달해 준 사람인 경우에 한해 「お疲れさま」, 「ごくろうさま」라는 표현을 사용한다.

예) みなさん、おつかれさまでした。今日(きょう)は　ここまでに　しましょう。

(여러분, 수고 많으셨습니다. 오늘은 이만합시다.)

•「すみません」(미안합니다)은 원래 「끝나지 않습니다」라는 말이다.

사람이 실수나 잘못을 했을 때, 조금만 신세를 져도 한국말의 「고맙다」는 의미로 「すみません」이라는 말을 곧잘 쓴다.

•「すみません」은 원래는 미안하다는 뜻으로 사과하는 말이지만, 고맙다는 말 대신으로도 흔히 쓰인다. 또, 모르는 사람에게 말을 걸 때나, 남에게 부탁을 할 때에도 쓰이는 말이다. 「申し訳ございません」은 상대방에게 미안하다고 사과할 때, 「すみません」보다 정도가 강하며, 「죄송합니다, 송구스럽습니다」라는 뜻이다.

•「すみません」 또는 「ごめんなさい」는 둘 다 「미안합니다」라는 뜻으로, 대등한 관계나 손아랫사람에게 쓰는 말이다.

•「もうしわけありません」

「もうしわけ」의 본 뜻은 「변명, 해명, 말막음」이라는 뜻인데, 여기에 「없습니다」라는 말인 「ございません」이 붙어, 「변명할・해명할 여지가 없습니다」, 즉 「대단히 죄송합니다」라는 표현이 되었다. 이것보다 약간 정중함이 떨어지는 말이지만 「もうしわけありません」도 자주 쓰는 표현이다.

紹介(しょうかい)・感謝(かんしゃ)・お詫(わ)び

[紹介(しょうかい)する時(とき)]

① 私(わたし)は　金(キム)です。
　私(わたし)は　金(キム)と　申(もう)します。

② 山村(やまむら)さん、李(イ)さんを　ご紹介(しょうかい)します。

③ こちらは　李(イ)さんです。

④ はじめまして。李(イ)です。どうぞ　よろしく。

⑤ こちらこそ　どうぞ　よろしく。

[感謝(かんしゃ)する時(とき)]

① ありがとう。
　ありがとうございます。

② お電話(でんわ)　ありがとうございます。

③ どうも　いろいろ　お世話(せわ)に　なりました。

④ まことに　ありがとう　ございました。

소개 · 감사 · 사과

[소개할 때]

① 저는 김(金)입니다.
　저는 김이라고 합니다.

② 야마무라씨, 이(李)씨를 소개합니다.

③ 이쪽은 이씨입니다.

④ 처음 뵙겠습니다. 이(李)입니다. 잘 부탁합니다.

⑤ 저야말로 잘 부탁드립니다.

[감사할 때]

① 고마워요.
 고맙습니다(감사합니다).
② 전화해 주셔서 감사합니다.
③ 여러모로 신세 졌습니다.
④ 진심으로 감사드립니다.

[詫(わ)びる時(とき)]

① すみません。
② ごめんなさい。
 ごめんください。
③ 申(もう)し訳(わけ)ありません。
④ 遅(おく)れて　すみません。
⑤ お待(ま)たせして　すみません。

사과할 때

① 죄송합니다.
② 미안합니다.
 실례합니다.
③ 면목이 없습니다.
④ 늦어서 죄송합니다.
⑤ 기다리게 해서 죄송합니다.

●「～と申(もう)します」

「～라고 합니다」라는 뜻이다. 여기에서 「申(もう)す」라는 말은 「言(い)う(말하다)」의 겸양어, 즉 자신을 낮추어 상대방에게 공손한 태도를 나타내며, 더욱 낮추어 「申(もう)しあげる」라는 표현을 쓰기도 한다.

●「～さん」

사람의 이름과, 사람을 나타내는 말에 붙어 경의를 나타내는 존경의 접미어이다. 「さま」보다도 친근감이 있다.

●「ご紹介(しょうかい)します」

「紹介(しょうかい)します。(소개하겠습니다)」에, 공손한 표현인 접두어 「ご」가 붙어, 상대방에게 자기쪽의 사람을 소개할 때 쓰는 표현이다.

●「こちらは」

「こちら」는 「이쪽」이라는 뜻으로, 원래는 方向을 가리키는 말인데, 자기 쪽의 사람을 남에게 이야기할 때에는 「이분(사람)」이라는 뜻으로도 사용된다. 또, 자기 자신을 지칭하는 공손한 표현이기도 하다.

●「お世話(せわ)になる」

「신세지다」, 「도움을 받다」라는 뜻의 관용어이다. 내가 남에게 도움을 주는 경우에는 「世話(せわ)をする」라고 한다.

●「すみません」

원래 「미안합니다」라는 뜻이다. 그러나 사람을 부르는 경우에도 널리 쓰이며, 「すいません」으로 발음되기도 한다.

●「ごめんなさい」

「すみません」, 「失礼(しつれい)します」와 마찬가지로 「미안합니다」, 「실례합니다」라는 뜻인데, 좀 더 친밀한 느낌을 준다. 그리고 더욱 정중한 표현은 「ごめんください」이다.

•「申(もう)し訳(わけ)ありません」

「申(もう)し訳(わけ)」는 「변명, 해명」의 뜻이고, 여기서 「申(もう)し訳(わけ)ありません」은 「죄송합니다」라는 뜻이다. 그리고 더욱 정중한 표현은 「申(もう)し訳(わけ)ございません」이다.

•「お待(ま)たせしてすみません」

화장실에 가는 등, 잠시 동행인(들)을 기다리게 했을 경우, 「기다리게 해서 죄송합니다」라는 뜻으로 사용한다.

단어정리

- 私(わたし)　저
- は　~는, ~은
- ~と申(もう)します　~라고 합니다 ▶ 言(い)う(말하다)의 공손한 말
- さん　씨, 님
- 紹介(しょうかい)　소개
- を　~을, ~를
- こちらは　이분은, 이쪽은
- よろしく　잘(부탁합니다)
- ます　~입니다, ~합니다
- こちらこそ　저야말로(私(わたし)こそ)
- 感謝(かんしゃ)　감사
- する　~하다
- 電話(でんわ)　전화
- いろいろ　여러 가지
- 世話(せわ)になる　신세를 지다
- まことに　진심으로
- 詫(わ)びる　사과하다, 사죄하다

- でした　이었습니다 ▶ です(하다)의 과거형
- 遅れて　늦어서 ▶ (기본형) 遅れる. 늦다, 더디다, 뒤지다
- 待たせる　기다리게 하다

• 기본 서수 익히기

뜻	숫자 표기	발음	漢字 표기
하나	1つ	ひとつ	一つ
둘	2つ	ふたつ	二つ
셋	3つ	みっつ	三つ
넷	4つ	よっつ	四つ
다섯	5つ	いつつ	五つ
여섯	6つ	むっつ	六つ
일곱	7つ	ななつ	七つ
여덟	8つ	やっつ	八つ
아홉	9つ	ここのつ	九つ
열	10	とお	十

基本あいさつ 1

会ったとき

- おはようございます。
- こんにちは。
- こんばんは。
- おひさしぶりですね。
- おげんきですか。
- おかわりありませんか。
- ようこそ、いらっしゃいました。

- 会(あ)えてうれしいです。
- どうぞよろしくお願(ねが)いします。

別(わか)れるとき

- さようなら。
- おやすみなさい。
- また、おあいしましょう。
- あとでまた、おめにかかります。
- おさきに　しつれいします。
- おじゃましました。
- また、おこしください。

기본 인사 정리 1

만났을 때

- 안녕하세요? (아침인사)
- 안녕하세요? (낮인사)
- 안녕하세요? (밤인사)
- 오랜만입니다.
- 건강하십니까?
- 별고 없으십니까?
- 어서 오세요. 환영합니다.
- 만나서 반갑습니다.
- 부디 잘 부탁드립니다.

헤어질 때

- 안녕히 계세요./안녕히 가세요.
- 안녕히 주무세요.
- 또 만납시다.
- 다음에 또 뵙겠습니다.

- 먼저 실례하겠습니다.
- 폐를 끼쳤습니다.
- 또 오십시오.

基本(きほん)あいさつ 2

感謝(かんしゃ)

- どうも　ありがとうございます。
- いいえ、どういたしまして。
- まことに　ありがとうございました。
- いろいろ　おせわに　なりました。

詫(わ)びるとき

- すみません。
- ごめんなさい。
- もうしわけございません。
- おそれいります。
- お待(ま)たせいたしました。
- おじゃましました。
- 失礼(しつれい)しました。

紹介(しょうかい)

- はじめまして。
- わたしは　田中(たなか)と　申(もう)します。
- どうぞ、よろしく　お願(ねが)いします。
- こちらこそ　よろしく　お願(ねが)いします。

기본 인사 정리 2

감사

대단히 감사합니다.
아니요 천만에요.
진심으로 감사드립니다.
여러모로 신세를 졌습니다.

사과할 때

죄송합니다.
미안합니다.
면목이 없습니다.
죄송합니다.
오래 기다리셨습니다.
실례했습니다.
실례했습니다.

소개

처음 뵙겠습니다.
저는 다나카라고 합니다.
부디 잘 부탁드립니다.
저야말로 잘 부탁드립니다.

참고자료

あいさつ

- おはよう。こんにちは。こんばんは。 안녕하세요?
- はじめまして。 처음 뵙겠습니다.
- 会(あ)えて うれしいです。 만나서 반갑습니다.

• ありがとう。	감사합니다, 고맙습니다.
• どうしたしまして。	천만에요.
• どうぞ　よろしく。	잘 부탁합니다.
• ごめんなさい。	미안합니다.
• だいじょうぶです。	괜찮아요.
• すみません。	죄송합니다.
• しつれい　しました。	실례했습니다.
• はい。	네.
• いいえ。	아니요.
• どこへ　行(い)くの？	어디 가세요?
• ００へ　行(い)く。	００로 가다.
• どこへ　行(い)って　来(き)たの？	어디에 갔다 왔어요?
• ００へ　行って　来(き)た。	００에 갔다 왔다.
• 私(わたし)の　名前(なまえ)は　０００です。	제 이름은 ０００입니다.
• あなたの　お名前(なまえ)は？	성함이 어떻게 되세요?
• さようなら。	안녕(작별인사).
• バイバイ。	바이바이.
• じゃあね。	그럼, 안녕.
• おつかれさまでした。	수고하셨습니다.

인사하기

안녕하세요

A：お久(ひさ)しぶりです。お元気(げんき)ですか。
(오랜만이네요, 잘 지내시죠?)

→ B1：ええ、おかげさまで。(네, 덕분에요.)

→ B2：まあまあ　元気(げんき)です。(그럭저럭 잘 지내요.)

- おはよう　ございます。안녕하세요?(아침인사)
  친한 사이일 때는「おはよう」(안녕)라고만 해도 된다.
- こんにちは。안녕하세요?(낮인사)
- こんばんは。안녕하세요?(밤인사)
- いって　きます。 다녀오겠습니다.
- いって　いらっしゃい。잘 다녀오세요.
- ありがとう　ございます。고맙습니다. 감사합니다.
- ありがとう。/サンキュー。고마워.
- どう　いたしまして。 천만에요.
- いえいえ。/いいよ。 아니에요./괜찮아.

A：すみません。失礼(しつれい)　しました。ごめんなさい。
(죄송합니다, 미안합니다.)
→　B1：いいえ、大丈夫(だいじょうぶ)です。/いいですよ。
(아니요, 괜찮습니다./괜찮아요.)
→　B2：いいえ、気(き)に　しないで　ください。
(아니요, 신경 쓰지 마세요.)

- さようなら。안녕히 계세요. 안녕히 가세요.
- じゃね。안녕(작별인사).
- またね。또 만나.
- おやすみなさい。안녕히 주무세요.
  친한 사이일 때는「おやすみ」(잘자)라고만 해도 된다.
- いただきます。 잘 먹겠습니다.
- ごちそうさまでした。 잘 먹었습니다.
- ただいま。 다녀왔습니다.
- おかえりなさい。 잘 다녀오셨어요?

第2課 はじめまして 처음 뵙겠습니다

はじめまして 1

李(イ)　：はじめまして。
　　　　わたしは　李(イ)と申(もう)します。
　　　　どうぞ　よろしく　お願(ねが)いします。
小林(こばやし)：はじめまして、小林(こばやし)です。
　　　　どうぞ　よろしく　お願(ねが)いします。
石田(いしだ)：石田(いしだ)です。どうぞ　よろしく。
李(イ)　：こちらこそ　よろしく　お願(ねが)いします。
　　　　お会(あ)いできて　うれしいです。

새로 나온 단어

- わたし：저/나
- あなた：당신
- ～は：～는/～은
- ～さん：～씨
- ～の：～의
- こちらこそ：이쪽이야말로(저야말로)
- ～です(か)：～입니다(까?)
- どうぞ　よろしく(おねがいします)：부디(아무쪼록) 잘 부탁합니다

처음 뵙겠습니다 1

이　　　：처음 뵙겠습니다.
　　　　저는 이라고 합니다.
　　　　아무쪼록 잘 부탁합니다.
코바야시：처음 뵙겠습니다. 코바야시입니다.
　　　　잘 부탁합니다.

이시다　：이시다입니다. 잘 부탁합니다.
이　　　：저야말로 잘 부탁합니다.
　　　　　만나서 반갑습니다.

새로 나온 단어

- はい：예
- にほんじん：일본인
- そうです：그렇습니다
- すき：좋아하다
- だいがく：대학
- せんせい：선생님(교수)
- マネージャ：매니저
- いいえ：아니요
- かんこく(じん)：한국(인)
- りょこう：여행
- だいがくせい：대학생
- しゃちょう：사장
- かいしゃ：회사

はじめまして 2

ぼくは　李(イ)です。
わたしは　かんこくじんです。
あなたは　だれですか。
わたしは　山田(やまだ)です。

そのかたは　だれですか。
このかたは　野原(のはら)さんです。

あのかたたちは　お友(とも)だちですか。
はい、そうです。

わたしは　がくせいです。
あのかたは　先生(せんせい)です。

このかたは　どのかたですか。
そのかたは　アノルドさんです。

アノルドさんは　にほんじんですか。
いいえ、そうじゃありません。
その人は　フランスじんです。
日立(ひたち)さんは　にほんじんです。

처음 뵙겠습니다 2

나는 李(군)입니다.
나는 한국인입니다.
당신은 누구입니까?
나는 야마다입니다.

그분은 누구입니까
이분은 노하라씨입니다.

저분들은 친구분들입니까?
예, 그렇습니다.

나는 학생입니다.
저분은 선생님입니다.
이분은 누구입니까?
그분은 아놀드씨입니다.

아놀드씨는 일본사람입니까?
아니요, 그렇지 않습니다.
그 사람은 프랑스사람입니다.
히타치씨는 일본사람입니다.

• 문법 공부

인칭대명사(人称代名詞)

1. 사람의 이름 대신 쓰이는 명사

	자칭 (自称) (1인칭)	대칭 (対称) (2인칭)	타칭(他称 : 3인칭)			
			근칭 (近称)	중칭 (中称)	원칭 (遠称)	부정칭 (不定称)
경칭 (敬称)	わたくし	あなた	この かた	その かた	あの かた	どの かた
통칭 (通称)	わたし	きみ			かれ	だれ

이외에도 인칭대명사는 많이 있으나, 생략하기로 한다.

2. 「あなた－당신」은 남녀 구별 없이 상대방을 높이는 경칭이지만, 윗사람에게는 쓰이지 않고, 대등한 경우나 아랫사람을 높여서 부를 때 쓰이는 말이다.
   「きみ」는 친구 사이에 쓰이는 남성 전용어.
   「きみ」에 대응하는 말은 「ぼく」이다.

3. 「さん」은 상대방을 높여서 부르는 존경어이며, 우리말의 「씨」와 비슷하다.

4. 「の」는 소유격을 나타내는 조사로, 체언(명사, 대명사)에 붙으며, 다음에 오는 체언을 수식한다. 우리말의 「의」와 같다. 그러나 「의」는 때에 따라 생략할 수 있으나, 「の」는 생략할 수 없다.
   わたしの　ともだち (나의 친구 － 내 친구)
   こくごの　せんせい (국어의 선생님 － 국어 선생님)

5. 「お友だち」의 「お」는 높임말이다.
   おにいさん おねえさん おはなし

• 회화 공부

일본인에게 자기가 소개되었을 때는, 상대방에게 가볍게 읍을 하고 미소 띤 얼굴로 「わたしは　かんこくから　きた (자신의 성)です」라고 하면 된다.

• 외국의 인명・지명 등은 고유명사이므로, 그대로 발음하는 것이 옳다.

그리고 좀 더 분위기를 부드럽게 하고, 친근감을 나타내기 위해서는, 그냥「そうですか」,「こんにちは」,「こんばんは」,「さようなら」라고 하기보다는,「そうですか、山中(やまなか)さん」 또는「こんにちは、山中さん」처럼 이름을 불러주는 것이 더욱 정다워서 좋다.

• 회화는 되도록 간단하고 깔끔한 것이 좋다.「처음 뵙겠습니다. 저는 李입니다. 잘 부탁합니다.」라고 할 때에는,「はじめまして。わたしは　李です。どうぞ　よろしく」라고 하면 된다.

第3課 自己紹介(じこしょうかい) 자기소개

自己紹介(じこしょうかい) 1

案内(あんない)：はじめまして。

　　ガイドの　金(キム)と　申(もう)します。

　　よろしく　お願(ねが)いいたします。

鈴木(すずき)：はじめまして。

　　私(わたし)は　鈴木太郎(すずきたろう)です。

　　こちらこそ　よろしく。

기본문형

- はじめまして。
- ○○○と　申(もう)します。
- よろしく　お願(ねが)いします。
- 専門(せんもん)は　○○○学(がく)です。
- まだまだ　へたです。
- 両親(りょうしん)と　いっしょに　住(す)んでいます。

새로 나온 단어

- 案内(あんない)：안내
- 上手(じょうず)だ：능숙하다, 잘 한다
- 申(もう)します：여쭙다, 말씀드리다
- 両親(りょうしん)：부모, 양친
- 専門(せんもん)：전문, 전공
- いっしょに：함께
- 住(す)む：살다
- 下手(へた)だ：서툴다

자기소개 1

안내　：처음 뵙겠습니다.
　　　　가이드인 김이라고 합니다.
　　　　잘 부탁드립니다.

스즈키　：처음 뵙겠습니다.
　　　　저는 스즈키 타로입니다.
　　　　저야말로 잘 부탁드립니다.

기본문형

- 처음 뵙겠습니다.
- ○○○이라고 합니다.
- 잘 부탁드립니다.
- 전공은 ○○○학입니다.
- 아직 미숙합니다.
- 부모님과 함께 살고 있습니다.

紹介

李　：金さん、田中さんを　ご紹介します。

金　：はじめまして。
　　　私は　○○○の金○○と　申します。

田中　：はじめまして。
　　　どうぞ　よろしく　お願いいたします。
　　　お話は　李さんから　伺っています。

小林　：金さんの　ご職業は　何ですか？

金　：私は　三井旅行社のものです。

　　　　小林(こばやし)さんは？

小林(こばやし)　：私(わたし)は　ソウル・ホテルの　支配人(しはいにん)です。

金(キム)　　：ところで、小林(こばやし)さんは　独身(どくしん)ですか？

小林(こばやし)　：いいえ、ひとりものでは　ありません。

李(イ)　　：金(キム)さん、田中(たなか)さんを　ご紹介(しょうかい)します。

金(キム)　　：はじめまして。

　　　　私(わたし)は　ソウル旅行社(りょこうしゃ)の　金永吉(キムヨンギル)と　申(もう)します。

　　　　どうぞ　よろしく　お願(ねが)いいたします。

田中(たなか)　：はじめまして。

　　　　こちらこそ　どうぞ　よろしく　お願(ねが)いいたします。

　　　　お話(はなし)は　李(イ)さんから　伺(うかが)っています。

새로 나온 단어

- 紹介(しょうかい)：소개
- 旅行社(りょこうしゃ)：여행사
- お話(はなし)(＝お噂(うわさ))：이야기, 말씀, 소문
- 伺(うかが)う：듣다・묻다의 겸양어

소개

이　　　：김씨, 타나카씨를 소개하겠습니다.

김　　　：처음 뵙겠습니다.

　　　　저는 ○○○에 근무하는 김○○이라고 합니다.

타나카　：처음 뵙겠습니다.

　　　　잘 부탁드립니다.

　　　　얘기는 이씨에게 들었습니다.

※ 伺(うかが)う：「聞(き)く」(듣다), 「たずねる」(묻다)의 겸양어로, 여기에서는 듣다의 겸양어로 쓰였다.

코바야시 : 김씨는 무슨 일을 하고 계십니까?
김 : 저는 三井 여행사 직원입니다.
코바야시씨는?
코바야시 : 저는 서울호텔의 지배인입니다.
김 : 그런데 코바야시씨는 독신입니까?
코바야시 : 아니요. 독신이 아닙니다.

※ ～の者 : ～에 다니는 사람, 직원이라는 뜻

※ 独身＝ひとりもの : 독신, 혼자

이 : 김씨, 타나카(田中)씨를 소개하겠습니다.
김 : 처음 뵙겠습니다.
저는 서울 여행사에 근무하는 김영길입니다.
아무쪼록, 잘 부탁드립니다.
타나카 : 처음 뵙겠습니다.
저야말로 잘 부탁드립니다.
말씀은 이씨에게 들었습니다.

• 회사 면접이나 인터뷰 때

「自己紹介してください」(자기소개를 해 주세요)라는 질문을 받았을 경우,

첫째, 「はじめまして」(처음 뵙겠습니다.)

둘째, 「私は　회사명の、본인이름と　申します」 또는, 「私は회사명に　勤めています」(저는 ○에 근무하고 있습니다)

셋째, 「どうぞ　よろしく　お願い　いたします」(잘 부탁드립니다)라고 말한다.

自己紹介 2

小林 : 金さんの　ご職業は　何ですか。
金 : 私は　三井旅行社の者です。
小林さんは。

小林　：私は　ソウル・ホテルの支配人です。
金　　：ところで、小林さんは　独身ですか。
小林　：はい、まだ　シングルです。

金　　：はじめまして。金です。
沢田　：はじめまして。沢田です。
金　　：これは　私の　名刺です。
沢田　：あ、どうも。
　　　　これは　わたしのです。
金　　：ところで、取締役は　よく　わかりませんが。
沢田　：それは　韓国の　理事に当たる　言葉です。
　　　　それで　代表理事は　代表取締役と　言います。

새로 나온 단어

- 沢田 : 사와다(인명)
- 当たる : 해당하는
- 名刺 : 명함
- 言葉 : 말
- 取締役 : 이사
- 代表 : 대표
- 理事 : 이사
- 職業 : 직업
- 支配人 : 지배인＝マネージャ : 매니저
- 三井 : 미츠이(사명)
- 旅行社 : 여행사
- 独身 : 독신＝ シングル : 싱글
- 小林 : 코바야시(인명)

자기소개 2

코바야시 : 김씨는 직업이 뭔가요?
김　　　 : 저는 三井(미츠이)여행사 직원입니다.
　　　　　 코바야시(小林)씨는요?
코바야시 : 저는 서울호텔의 지배인입니다.

김　　　：그런데 코바야시(小林)씨는 독신인가요?
코바야시：네, 아직 싱글입니다.

김　　　：처음 뵙겠습니다. 김(金)입니다.
사와다　：처음 뵙겠습니다. 사와다(沢田)입니다.
김　　　：이건 제 명함입니다.
사와다　：아, 감사합니다.
이건 제것입니다.
김　　　：그런데 「とりしまりやく」는 잘 모르겠는데요.
사와다　：그건 한국의 이사에 해당하는 말입니다.
그래서 대표이사는 「だいひょうとりしまりやく」라고 합니다.

• ～の者(もの)

～에 다니는 사람, 직원이라는 뜻

• ところで

접속사로, 「그런데」라는 의미를 가지며, 지금까지의 화제를 전환시킬 때 쓰인다.

예) ところで、この前(まえ)の　件(けん)は　どう　なりましたか。
그런데 지난번 건은 어떻게 되었습니까?
ところで、金(キム)さんの　ことを　どう　思(おも)いますか。
그런데 김씨에 대해서 어떻게 생각하십니까?

• 独身(どくしん)(＝ひとりもの、シングル：독신, 혼자, 싱글)

↔ 既婚(きこん)：기혼, 既婚者(きこんしゃ)：기혼자

• 일본인의 성씨

- 田中(たなか)
- 田原(たはら)
- 田村(たむら)
- 山田(やまだ)
- 内田(うちだ)
- 岡田(おかだ)
- 金田(かねだ)
- 北田(きただ)
- 黒田(くろだ)
- 久保田(くぼた)
- 島田(しまだ)
- 杉田(すぎた)
- 津田(つだ)
- 戸田(とだ)
- 原田(はらだ)

- 平田(ひらた)
- 深田(ふかだ)
- 藤田(ふじた)
- 古田(ふるた)
- 森田(もりた)
- 安田(やすだ)
- 山田(やまだ)
- 柳田(やなぎだ)
- 吉田(よしだ)
- 和田(わだ)
- 福田(ふくだ)
- 小川(おがわ)
- 中川(なかがわ)
- 長谷川(はせがわ)
- 早川(はやかわ)
- 石川(いしかわ)
- 吉川(よしかわ)
- 加藤(かとう)
- 伊藤(いとう)
- 佐藤(さとう)
- 斎藤(さいとう)
- 木村(きむら)
- 今村(いまむら)
- 上村(うえむら)
- 山村(やまむら)
- 吉村(よしむら)
- 野村(のむら)
- 中村(なかむら)
- 今井(いまい)
- 永井(ながい)
- 酒井(さかい)
- 新井(あらい)
- 大山(おおやま)
- 丸山(まるやま)
- 横山(よこやま)
- 徳山(とくやま)
- 金山(かねやま)
- 松本(まつもと)
- 山本(やまもと)
- 橋本(はしもと)
- 服部(はっとり)
- 木下(きのした)
- 松下(まつした)
- 山下(やました)
- 石沢(いしざわ)
- 小沢(おざわ)
- 黒沢(くろさわ)
- 水谷(みずたに)
- 鈴木(すずき)
- 佐々木(ささき)
- 三島(みしま)
- 中島(なかじま)
- 長島(ながしま)
- 樋口(ひぐち)
- 関口(せきぐち)
- 村上(むらかみ)
- 井上(いのうえ)
- 石原(いしはら)
- 上原(うえはら)
- 落合(おちあい)
- 高橋(たかはし)
- 清水(しみず)
- 小林(こばやし)
- 菊地(きくち)
- 小野(おの)
- 近藤(こんどう)
- 遠藤(えんどう)
- 土井(どい)
- 安部(あべ)
- 石井(いしい)
- 金子(かねこ)
- 神田(かんだ)
- 上野(うえの)
- 山崎(やまざき)
- 柳(やなぎ)
- 林(はやし)
- 南(みなみ)
- 角(すみ)

• 우리나라 성씨의 가타카나 표기

- 김(金) キム
- 이(李) イ
- 박(朴) パク
- 최(崔) チェ
- 정(鄭) チョン
- 강(姜) カン
- 조(趙) チョ
- 윤(尹) ユン
- 장(張) チャン
- 임(林) イム
- 한(韓) ハン
- 신(申) シン
- 오(吳) オ
- 서(徐) ソ
- 권(權) クォン
- 황(黃) ファン
- 송(宋) ソン
- 안(安) アン
- 유(柳) ユ
- 홍(洪) ホン
- 전(全) チョン

- 고(高) コ
- 문(文) ムン
- 손(孫) ソン
- 양(梁) ヤン
- 배(裵) ペ
- 백(白) ペク
- 조(曹) チョ
- 허(許) ホ
- 남(南) ナム
- 심(沈) シム
- 유(劉) ユ
- 노(盧) ノ
- 하(河) ハ
- 유(兪) ユ
- 정(丁) チョン
- 성(成) ソン
- 곽(郭) クァク
- 차(車) チャ
- 구(具) ク
- 우(禹) ウ
- 주(朱) チュ
- 나(羅) ナ
- 임(任) イム
- 전(田) チョン
- 민(閔) ミン
- 신(辛) シン
- 지(池) チ
- 진(陳) チン
- 엄(嚴) オム
- 원(元) ウォン
- 채(蔡) チェ
- 천(千) チョン
- 방(方) パン
- 양(楊) ヤン
- 공(孔) コン
- 현(玄) ヒョン
- 강(康) カン
- 함(咸) ハム
- 변(卞) ピョン
- 노(魯) ノ
- 염(廉) ヨム
- 변(邊) ピョン
- 여(呂) ヨ
- 추(秋) チュ
- 도(都) ト
- 신(愼) シン
- 석(石) ソク
- 소(蘇) ソ
- 설(薛) ソル
- 선(宣) ソン
- 주(周) チュ
- 길(吉) キル
- 마(馬) マ
- 연(延) ヨン
- 표(表) ピョ
- 위(魏) ウィ
- 명(明) ミョン
- 기(奇) キ
- 방(房) パン
- 반(潘) パン
- 왕(王) ワン
- 금(琴) クム
- 옥(玉) オク
- 육(陸) ユク
- 인(印) イン
- 맹(孟) メン
- 제(諸) チェ
- 탁(卓) タク
- 진(秦) チン

참고자료

自己紹介(じこしょうかい) 자기소개

- 私(わたし)の 名前(なまえ)は ００です。 저는 ００라고 합니다.
- あなたの お名前(なまえ)は 何(なん)ですか? 성함이 어떻게 되세요?
- 何歳(なんさい)ですか? 몇 살입니까?
- ００歳(さい)です。 ００살이에요.

- ○○年　生まれ。　　○○년생.
- ○○年に　入学。　　○○년에 입학. (○○학번)

●家族・友達 가족, 친구

父 아버지	母 어머니	兄弟 형제	姉妹 자매
子供 아이	恋人 연인	友達 친구	～が　いる ～가 있다

- 結婚している。　　결혼 했어요.
- まだ　結婚して　いない。　　아직 결혼 안 했어요.
- 恋人　募集中。　　애인 모집 중.
- 娘が　いる。　　딸이 있다.
- 息子が　いる。　　아들이 있다.
- 独り暮らし。　　혼자 살고 있다.
- 専攻。　　전공.
- 私は　○○人です。　　저는 ○○사람이에요.
- どこから　きたんですか？　　어디에서 오셨어요?
- ○○から　きました。　　○○에서 왔어요.
- ○○に　行ったことが　あります。　　○○에 간 적이 있어요.

韓国 한국	日本 일본	中国 중국	アメリカ 미국
台湾 대만	オーストラリア 호주	ロシア 러시아	在外韓国人 교포

日本(にほん)には　何(なに)を　しに　来(き)ましたか? 일본에는 무엇을 하러 왔습니까?

ＯＯを　しに　来(き)ました。ＯＯ(목적)을 하러 왔습니다.

仕事(しごと) 일	観光(かんこう) 관광	留学(りゅうがく) 유학	研修(けんしゅう) 연수

お仕事(しごと)は?　무슨 일을 하세요?

学生(がくせい) 학생	大学生(だいがくせい) 대학생	会社員(かいしゃいん) 회사원	公務員(こうむいん) 공무원
教師(きょうし) 교사	自営業(じえいぎょう) 자영업	店員(てんいん) 점원	エンジニア 엔지니어
主婦(しゅふ) 주부	失業中(しつぎょうちゅう) 실업 중	就職活動中(しゅうしょくかつどうちゅう) 취직활동 중	フリーター 프리터

第4課 家族 가족

家族

青山さんは 三人きょうだいです。
おねえさんと 弟さんが 一人ずつ あります。
お兄さんも 妹さんも ありません。
青山さんは おねえさんより 年が 三つ 下で、弟さんよりは 四つ上です。
弟さんは 次男と 言って、おねえさんは 竹子と 言います。
次男さんは 一雄さんたちの おじさんで、竹子さんは おばさんです。
次男さんにも 子供が 二人 あります。
雪江、良雄と 言います。
この 子供たちは 一雄さんたちの いとこです。
良雄さんは 青山さんの おいで、雪江さんは めいです。
青山さんの おとうさんの 一郎さんは ことし 六十八ですから かなり としよりです。
次男さんの 家族と いっしょに 千葉の いなかに 住んで います。
おかあさんは 昨年 なくなりました。
竹子さんは ずっと まえに 結婚して 近くの 神奈川に 住んで います。
御主人は 島田太郎さんで、おじょうさん ひとりと ぼっちゃん ふたりが あって 五人家族ですが、豊かな 生活を して います。

새로 나온 단어

- ずつ：~씩
- した(下)：아래, 밑
- うえ(上)：위
- おじさん(伯父・叔父さん)：아저씨
- おばさん(伯母・叔母さん)：아주머니
- いとこ(従兄弟)：사촌형제
- おい(甥)：남자 조카
- めい(姪)：여자 조카
- としより(年寄り)：노인, 나이 많은 분
- いなか(田舎)：시골
- さくねん(昨年)：작년
- なくなる：죽다
- ずっと：훨씬
- けっこん(結婚)：결혼
- ごしゅじん(御主人)：남편, 주인
- おじょうさん(お嬢さん)：아가씨
- ぼっちゃん(坊っちゃん)：도련님
- ゆたか(豊か)：풍족하다
- せいかつ(生活)：생활

가족

아오야마(青山)씨는 형제가 3명입니다.
누나와 남동생이 한 명씩 있습니다.
형도 여동생도 없습니다.
아오야마씨는 누나보다 나이가 세 살 적고, 남동생보다는 네 살 많습니다.
남동생은 츠기오(次男)라고 하고, 누나는 타케코(竹子)라고 합니다.
츠기오씨는 카즈오(一雄)씨의 삼촌이고, 타케코씨는 고모입니다.
츠기오씨에게도 아이가 두 명 있습니다.
유키에(雪江), 요시오(良雄)라고 합니다.
이 아이들은 카즈오씨의 사촌형제입니다.
요시오씨는 아오야마씨의 조카이고, 유키에씨는 조카딸입니다.
아오야마씨의 아버지인 이치로(一郎)씨는 올해 68세이므로, 꽤나 연세가 많으신 분입니다.
츠기오씨 가족과 함께 치바의 시골에 살고 있습니다.
어머니께서는 작년에 돌아가셨습니다.
타케코씨는 훨씬 예전에 결혼해서, 가까운 카나가와에 살고 있습니다.
남편은 시마다 타로(島田太郎)씨이고, 딸이 한 명, 아들이 한 명 있어서 가족이 5명이지만 풍족한 생활을 하고 있습니다.

• 가족관계 호칭 일람표

명 칭	자기 가족을 부를 때	자기 가족을 남한테 말할 때	남의 가족을 부를 때
아버지	お父(とう)さん·ちゃん	父(ちち)	お父(とう)さん
어머니	お母(かあ)さん·ちゃん	母(はは)	お母(かあ)さん
할아버지	おじいさん·ちゃん	祖父(そふ)	おじいさん
할머니	おばあさん·ちゃん	祖母(そぼ)	おばあさん
부모님		両親(りょうしん)	ご両親(りょうしん)
아들	이름	息子(むすこ)	息子(むすこ)さん
딸	이름	娘(むすめ)	娘(むすめ)さん
형·오빠	お兄(にい)さん·ちゃん	兄(あに)	お兄(にい)さん
누나·언니	お姉(ねえ)さん·ちゃん	姉(あね)	お姉(ねえ)さん
남동생	이름	弟(おとうと)	弟(おとうと)さん
여동생	이름	妹(いもうと)	妹(いもうと)さん
형제		兄弟(きょうだい)	ご兄弟(きょうだい)
백·숙부	おじさん·ちゃん	伯父·叔父(おじ)	おじさん
백·숙모	おばさん·ちゃん	伯母·叔母(おば)	おばさん
사촌 형제		従兄弟(いとこ)	従兄弟(いとこ)さん
남편		主人(しゅじん)	ご主人(しゅじん)
아내		家内(かない)	奥(おく)さん
가족		家族(かぞく)	ご家族(かぞく)
친척		親戚(しんせき)	しんせきのかた

• 性別(せいべつ)・年齢(ねんれい)による呼(よ)び方(かた) 성별・연령에 따른 호칭

① 남자 : おとこ(男)
② 여자 : おんな(女)
③ 소년 : しょうねん(少年)
④ 소녀 : しょうじょ(少女)
⑤ 갓난아기 : あか(赤)んぼう(坊)
⑥ 남자 갓난아기 : おとこの あかんぼう
⑦ 여자 갓난아기 : おんなのあかんぼう
⑧ 신사 : しんし(紳士)
⑨ 숙녀 : しゅくじょ(淑女)
⑩ 젊은 남성 : わか(若)いだんせい(男性)
⑪ 젊은 여성 : わかいじょせい(女性)
⑫ 늙은 남성 : としよ(年寄)りのだんせい(男性)
⑬ 늙은 여성 : としよ(年寄)りのじょせい(女性)
⑭ 중년의 남성 : ちゅうねん(中年)のだんせい(男性)

⑮ 어른 : おとな(大人)
⑯ 어린이 : こども(子供)
⑰ 선조 : せんぞ(先祖)
⑱ 자손 : しそん(子孫)
⑲ 선배 : せんぱい(先輩)
⑳ 후배 : こうはい(後輩)

참고자료

- 家族[かぞく]・友[とも]だち　　가족・친구
- いる。　　있다.
- 住[す]んでいる。　　살고 있다.
- いない。　　없다.
- どこに？　　어디에?

<table>
<tr><td>私[わたし]
나, 저</td><td>私[わたし]たち
우리</td><td rowspan="2">あなた
당신
※ 일반적으로 부를 때는 쓰지 않는다.
이름+さん으로 부르는 것이 일반적</td></tr>
<tr><td>彼[かれ]
그 사람</td><td>彼女[かのじょ]
그 여자</td></tr>
</table>

- 愛[あい]している。　　사랑하다.
- 愛[あい]し　合[あ]って　いる。　　서로 사랑하다.
- 付[つ]き合[あ]う。　　사귀다.
- 結婚[けっこん]する。　　결혼하다.
- 離婚[りこん]する。　　이혼하다.
- 不倫[ふりん]。　　불륜.
- ～と　気[き]が　合[あ]う。　　～와 마음이 맞다.
- けんかする。　　싸우다.
- 同棲[どうせい]する。　　동거하다.
- (結婚[けっこん]して)親[おや]と　同居[どうきょ]する。　　(결혼해서) 부모님을 모시고 살다.
- 一人[ひとり]で　暮[く]らす。　　혼자 살다.

家族(かぞく) 가족/식구	父(ちち) 아버지	母(はは) 어머니	親戚(しんせき) 친척
兄弟(きょうだい) 형제	姉妹(しまい) 자매	おじいさん 할아버지	おばあさん 할머니
夫(おっと) 남편	妻(つま) 아내	姑(しゅうとめ) 시어머니	しゅうと 시아버지
息子(むすこ) 아들	娘(むすめ) 딸	赤(あか)ちゃん 아기	

恋人(こいびと) 애인	友達(ともだち) 친구	ただの友達(ともだち) 그냥 친구
彼氏(かれし) 남자친구	彼女(かのじょ) 여자친구	ふるさと 고향
大家族(だいかぞく) 대가족	核家族(かくかぞく) 핵가족	おとなりさん きんじょの　ひと 이웃

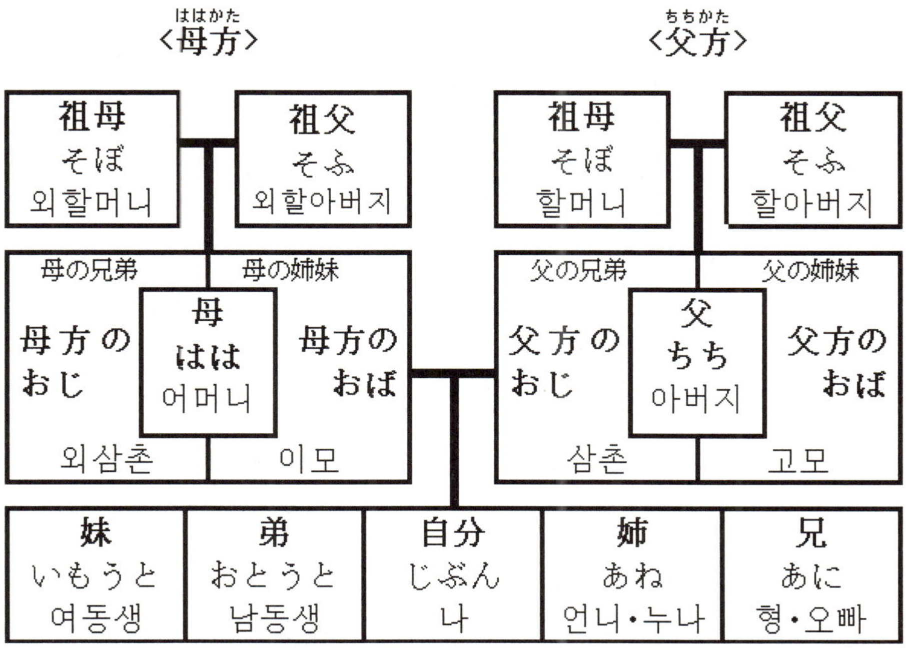

• 人間関係(にんげんかんけい) 인간관계

夫婦(ふうふ) 부부	両親(りょうしん) 부모·양친	長男(ちょうなん) 장남	長女(ちょうじょ) 장녀
末っ子(すえっこ) 막내	主婦(しゅふ) 주부	嫁ぎ先(とつぎさき) 시댁	妻の実家(つまのじっか) 처가
同い年(おないどし) 동갑	先輩(せんぱい) 선배	後輩(こうはい) 후배	
目上の人(めうえのひと) 손윗사람	目下の人(めしたのひと) 손아랫사람		

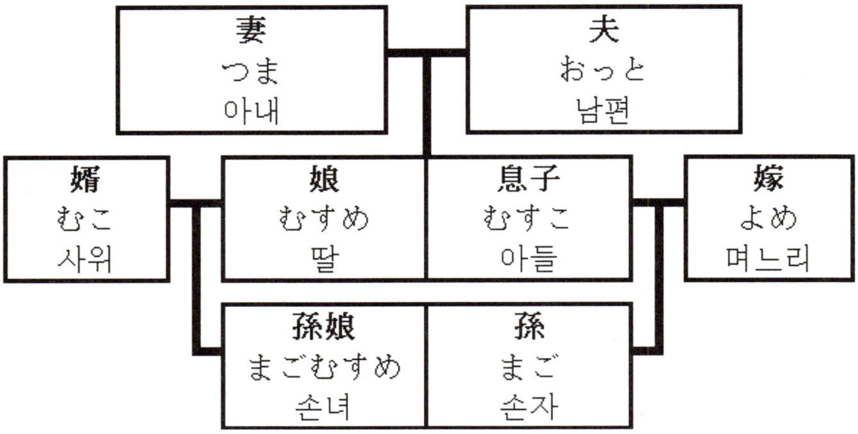

もう、ていねい語(ご)は　お互(たが)いい　やめましょうか？ (タメ口(ぐち)に　したい　とき) 우리 서로 말을 놓을까요?			
丁寧語(ていねいご) 존댓말		ぞんざいな話(はな)し方(かた)(タメ口(ぐち)) 반말	
ていねい語(ご)は　使(つか)わないで ください。 말씀 낮추세요.		目上(めうえ)の　人(ひと)に　タメ口(ぐち)を きいては　いけません！ 윗사람한테 반말 하면 안 돼요.	
生意気(なまいき) 건방지다	礼儀正(れいぎただ)しい 예의 바르다	気(き)を使(つか)う 신경을 쓰다	気(き)をつける 조심하다

第5課 これは 何(なん)ですか 이것은 무엇입니까

これは 何(なん)ですか 1

これは　何(なん)ですか。
それは　新聞(しんぶん)です。

あれは　だれの　辞書(じしょ)ですか。
あれは　友達(ともだち)の　辞書(じしょ)です。

雑誌(ざっし)は　どれですか。
雑誌(ざっし)は　これです。

それは　韓国語(かんこくご)の　新聞(しんぶん)ですか、英語(えいご)の新聞(しんぶん)ですか。
それは　英語(えいご)の　新聞(しんぶん)です。

その　本(ほん)は　あなたのですか。
いいえ、それは　私(わたし)のでは　ありません。
田中(たなか)さんのです。

あの　テレビは　アメリカ製(せい)ですか、日本製(にほんせい)ですか。
あの　テレビは　アメリカ製(せい)でも　日本製(にほんせい)でも　ありません。
韓国製(かんこくせい)です。

문형

- それは 新聞です。
- これは 私のではありません。
- アメリカ製でも 日本製でも ありません。

새로 나온 단어

- これ：이것
- それ：그것
- あれ：저것
- どれ：어느 것
- 何(なん, なに)：무엇
- 新聞：신문
- ～の：① ～의(소유의 뜻), ② ～의 것(대명사)
- 友達：친구
- 辞書：사전
- 雑誌：잡지
- 韓国語：한국어
- 日本語：일본어
- 英語：영어
- 本：책
- テレビ：텔레비전
- アメリカ：미국
- 韓国製：한국 제품, 한국산
- 日本製：일본 제품, 일본산

이것은 무엇입니까 1

이것은 무엇입니까?
그것은 신문입니다.

저것은 누구의 사전입니까?
저것은 친구의 사전입니다.

잡지는 어느 것입니까?
잡지는 이것입니다.

그것은 한국어 신문입니까, 영어 신문입니까?
그것은 영어 신문입니다.

그 책은 당신 것입니까?
아니요, 그것은 내 것이 아닙니다. 다나카씨 것입니다.

저 텔레비전은 미국제입니까, 일본제입니까?
저 텔레비전은 미국제도 일본제도 아닙니다.
한국제입니다.

해 설

1. 지시대명사 これ, それ, あれ, どれ는 각각 이것, 그것, 저것, 어느 것을 뜻한다.

例) これは　何ですか。 (이것은 무엇입니까?)
　　それは　ぼうしです。 (그것은 모자입니다.)
　　あれは　かばんです。 (저것은 가방입니다.)
　　あなたの　かさは　どれですか。 (당신 우산은 어느 것입니까?)

2. ～の

「～의」에 해당되는 조사로, 소유, 소속, 동격 등 여러 가지 뜻이 있다. 우리말의 「～의」는 주로 생략하나, 일본어는 名詞＋の＋名詞의 형태로, 반드시 「の」를 넣어야 한다. 다만, 고유명사인 경우에는 생략한다.

例) ソウルの大学　→　ソウル大学 (서울대학교)

3. ～は　～のです。 (～은 ～의 것입니다.)

여기서 「の」는 소유의 뜻과 생략된 명사를 대신한다.

例) この　辞書は　金さんのです。(이 사전은 김씨 것입니다.)
　　その　本は　わたしのです。(그 책은 제 것입니다.)

4. ～でも　～でも　ありません。(～도 ～도 아닙니다.)

둘 다 아니라고 부정하는 경우에 사용한다.

学生でも　先生でも　ありません。会社員です。
(학생도 선생님도 아닙니다. 회사원입니다.)
アメリカ製でも　日本製でも　ありません。韓国製です。
(미국산도 일본산도 아닙니다. 한국산입니다.)

これは　本(ほん)です

これは　洋服(ようふく)です。

これは　靴(くつ)で、あれは　帽子(ぼうし)です。

うわぎと　ズボンは　これです。

それは　わたくしの　外套(がいとう)です。

この　靴下(くつした)は　あなたのですか。

いいえ、わたくしのじゃありません。

島田(しまだ)さんのです。

その　手袋(てぶくろ)は　どなたのですか。

それは　清水(しみず)さんのです。

あなたの　うわぎは　どれですか。

これが　わたくしの　うわぎで、

その　ハンカチは　林(はやし)さんのです。

あの　雑誌(ざっし)と　新聞(しんぶん)は

どなたのですか。

それは　中山(なかやま)さんのです。

새로 나온 단어

- わたくし[watakusi]：나・저
- ようふく[yo：huku]：양복
- くつした[kutsusita]：양말
- のじゃ[nojya]：~의 것이
- くつ[kutsu]：신발
- てぶくろ[tebukuro]：장갑
- ぼうし[bo：si]：모자
- はんかち[hangkachi]：손수건
- うわぎ[uwagi]：웃옷
- ざっし[zassi]：잡지
- ズボン[zubong]：바지
- しんぶん[simbung]：신문
- がいとう[gaito：]：외투

이것은 책입니다

이것은 양복입니다.
이것은 구두이고, 저것은 모자입니다.
웃옷과 바지는 이것입니다.
그것은 제 외투입니다.

이 양말은 당신 것입니까?
아니요, 제 것이 아닙니다.
시마다씨 것입니다.

그 장갑은 어느 분 것입니까?
그것은 시미즈씨 것입니다.

당신의 웃옷은 어느 것입니까?
이것이 제 웃옷이고,
그 손수건은 하야시씨 것입니다.

저 잡지와 신문은
어느 분 것입니까?
그것은 나카야마씨 것입니다.

• 문법 공부

1. 「で」는 두 문장을 한 문장으로 묶는 구실을 하는 접속조사이다.
   「これが　わたくしの　うわぎで、その　ハンカチは　林さんのです。」

2. 「あなたのです」의 「の」(···의 것)는 소유대명사
   ① 「これは　わたしの　ぼうしです」
   이때의 「の」는 체언 「わたし」에 붙어서 소유격을 나타내며, 또 다른 체언 「ぼうし」를 수식하는 연체수식어(連体修飾語)이다.
   ② 「この　てぶくろは　わたしのです」
   이때의 「の」는 「の　てぶくろ」를 줄여서 쓴 소유대명사이다.

③ 의문형은 끝에 「か」를 붙이면 된다.

3. 「と」는 체언을 나열할 때 쓰이는 조사(助詞)이다.
「あの　ざっしと　しんぶん」
「この　ほんと　えんぴつ」

※ 「で」는 「~이고」 또는 「~이며」가 되나, 장소를 가리키는 조사로 쓰일 때에는
「にわとりが　庭(にわ)で　あそんで　います。」
(닭이 마당에서 놀고 있습니다.)와 같이 「~에서」로 쓰이며, 행동을 나타낼 때는
「えんぴつで　字(じ)を　書(か)きます。」와 같이 「~로(으로)」로 쓰인다.

これは　何(なん)ですか 2

- 白磁(はくじ)を　見(み)せてくだたい。
- それを　見(み)せてください。
- 白磁(はくじ)を　買(か)いたいのですが･･･。
- もっと　大(おお)きい(小(ちい)さい)ものは　ありませんか？
- これは　高(たか)いですね。
- これは　安(やす)いですね。
- もう　ちょっと　安(やす)ければ　買(か)います。

새로 나온 단어

- 赤(あか)い　ジャンパー：빨간색 점퍼
- 青(あお)い　コート：청색 코트
- 黒(くろ)い　ズボン：검은색 바지
- 白(しろ)い　ブラウス：하얀색 블라우스
- 黄色(きいろ)の　建物(たてもの)：노란색 건물
- 茶色(ちゃいろ)の　紙(かみ)：갈색 종이
- 緑(みどり)の　セーター：녹색 스웨터
- 紫色(むらさきいろ)の　ソックス：보라색 양말
- グレーの　コート：회색 코트
- オレンジ色(いろ)の　スカープ：오렌지색 스카프

이것은 무엇입니까 2

- 백자를 보여 주세요.
- 그걸 보여 주세요.
- 백자를 사고 싶은데요.
- 더 큰(작은) 것은 없습니까?
- 이건 비싸네요.
- 이건 싸네요.
- 조금 더 싸면 살게요.

• 지시대명사

	근칭 (近称)	중칭 (中称)	원칭 (遠称)	부정칭 (不定称)
사물	これ (이것) これら	それ (그것) それら	あれ (저것) あれら	どれ (어느 것) なに
장소	ここ (여기) ここら	そこ (거기) そこら	あそこ (저기) あそこら	どこ (어디) どこら
방향	こちら (이쪽) こっち	そちら (그쪽) そっち	あちら (저쪽) あっち	どちら (어느 쪽) どっち

(「ら」는 복수의 뜻이 있음)

第6課　ここは 学校(がっこう)です　이곳은 학교입니다

ここは　学校(がっこう)です

ここは　学校(がっこう)ですか。
はい、ここは　学校(がっこう)です。

ここは　何(なん)ですか。
そこは　教室(きょうしつ)です。

あの　建物(たてもの)は　何(なん)ですか。
あれは　図書館(としょかん)です。

では、体育館(たいいくかん)は　どこですか。
運動場(うんどうじょう)の　むこうです。

食堂(しょくどう)は　どこですか。
その　ビルの　地下一階(ちかいっかい)です。

トイレは　どちらですか。
階段(かいだん)の　右(みぎ)の方(ほう)です。

タクシー乗(の)り場(ば)は　どちらですか。
バス停(てい)の　隣(となり)です。

문 형

- ここは　学校(がっこう)です。
- あの　建物(たてもの)は　何(なん)ですか。
- タクシー乗(の)り場(ば)は　どちらですか。

새로 나온 단어

- 学校(がっこう) : 학교
- 教室(きょうしつ) : 교실
- ここ : 여기
- そこ : 거기
- あそこ : 저기
- どこ : 어디
- 建物(たてもの) : 건물
- ビル : 빌딩
- 図書館(としょかん) : 도서관
- 体育館(たいいくかん) : 체육관
- 運動場(うんどうじょう) : 운동장
- 向(む)こう : 저쪽, 건너편
- では : 그럼
- 食堂(しょくどう) : 식당
- 地下(ちか) : 지하
- 一階(いっかい) : 일층
- トイレ : 화장실
- 階段(かいだん) : 계단
- 右(みぎ) : 오른쪽
- ～の方(ほう) : ～쪽, 편
- こちら : 이쪽
- そちら : 그쪽
- あちら : 저쪽
- どちら : 어느 쪽
- タクシー : 택시
- 乗(の)り場(ば) : 승차장, 타는 곳
- バス停(てい) : 버스 정류장
- 隣(となり) : 바로 옆

여기는 학교입니다

여기는 학교입니까?
네, 여기는 학교입니다.

여기는 무엇입니까?
거기는 교실입니다.

저 건물은 무엇입니까?
저것은 도서관입니다.

그럼 체육관은 어디입니까?
운동장 건너편입니다.

식당은 어디입니까?
그 빌딩 지하 1층입니다.

화장실은 어느 쪽입니까?
계단 오른쪽입니다.

택시 타는 곳은 어디입니까?
버스 정류장 옆입니다.

해 설

1. こ, そ, あ, ど

화자 기준	연체사	사물	장소	방향
근칭 (近称)	この (이)	これ (이것)	ここ (여기)	こちら(이쪽) = こっち
중칭 (中称)	その (그)	それ (그것)	そこ (거기)	そちら(그쪽) = そっち
원칭 (遠称)	あの (저)	あれ (저것)	あそこ (저기)	あちら(저쪽) = あっち
부정칭 (不定称)	どの (어느)	どれ (어느 것)	どこ (어디)	どちら(어느 쪽) = どっち

2. 인칭대명사

1인칭	2인칭	3인칭			부정칭
		근칭	중칭	원칭	
わたくし (저)	あなた (당신)	この ひと (이 사람)	その　ひと (그 사람)	あの　ひと (저 사람)	どの　ひと (어느 사람)
わたし (나)	きみ (자네)	この かた (이분)	その　かた (그분)	あの　かた (저분)	どの　かた (어느 분)
ぼく (나)	おまえ (너)				だれ (누구) どなた (だれ의 높임말)

第7課 いくつ　ありますか 몇 개 있습니까

いくつ　ありますか

教室(きょうしつ)の　中(なか)に　何(なに)が　ありますか。
机(つくえ)と　椅子(いす)が　あります。

そこに　テーブルも　ありますか。
はい、テーブルも　あります。

テーブルの　下(した)に　何(なに)か　ありますか。
いいえ、何(なに)　ありません。

テーブルの　上(うえ)には　何(なに)か　ありますか。
はい、あります。かばんと　電話(でんわ)が　あります。

かばんの　中(なか)に　何(なに)が　ありますか。
かばんの　中(なか)には　ノートや　本(ほん)などが　あります。

ここに　みかんが　あります。
みかんは　いくつ　ありますか。

一(ひと)つ、二(ふた)つ、三(みっ)つ、四(よっ)つ、五(いつ)つ、六(むっ)つ、
七(なな)つ、八(やっ)つ、九(ここの)つ、十(とお)、十一(じゅういち)、十二(じゅうに)。
十二(じゅうに)　あります。

문 형

みかんは　いくつ　ありますか。

教室(きょうしつ)の　中(なか)に　何(なに)が　ありますか。

テーブルの　下(した)には　何(なに)も　ありません。

새로 나온 단어

- みかん：귤
- いくつ：몇 개
- 何(なに)が：무엇이
- ～が：～이, 가
- 何(なに)か：무언가
- ～か：～인지, ～인가
- 何(なに)も：아무것도
- 机(つくえ)：책상
- 椅子(いす)：의자
- ～と：～과, 와
- ～に：～에
- 中(なか)：안, 속
- 上(うえ)：위
- 下(した)：아래
- テーブル：테이블
- ～には：～에는
- かばん：가방
- 電話(でんわ)：전화
- ノート：노트
- ～など：～등

몇 개 있습니까

교실 안에는 무엇이 있습니까?
책상과 의자가 있습니다.

거기에는 테이블도 있습니까?
네, 테이블도 있습니다.

테이블 아래에 무언가 있습니까?
아니요, 아무것도 없습니다.

테이블 위에는 무언가 있습니까?
네, 있습니다. 가방과 전화가 있습니다.
가방 속에는 무엇이 있습니까?

가방 속에는 노트나 책 등이 있습니다.

여기에 귤이 있습니다.
귤은 몇 개 있습니까?

하나, 둘, 셋, 넷, 다섯, 여섯,
일곱, 여덟, 아홉, 열, 열하나, 열둘.
열두 개 있습니다.

해 설

1. ～に　～が　あります ～에 ～가 있습니다.

이때 「あります」는 존재를 나타내며, 식물이나 무생물이 있을 경우에 사용한다.

あります。　　(긍정) 있습니다.
ありますか。　(의문) 있습니까?
ありません。　(부정) 없습니다.

2. 助詞「～に」, 「～が」, 「～か」, 「～も」

「～に」: ～에, 장소를 나타냄
「～か」: ～인가, ～인지
「～が」: ～이, 가, 주격조사

例) 何か　ありますか。　무언가 있습니까?
何が　ありますか。　무엇이 있습니까?
何も　ありません。　아무것도 없습니다.

뜻	표기	읽기	뜻	표기	읽기
하나	一つ	ひとつ	여섯	六つ	むっつ
둘	二つ	ふたつ	일곱	七つ	ななつ
셋	三つ	みっつ	여덟	八つ	やっつ
넷	四つ	よっつ	아홉	九つ	ここのつ
다섯	五つ	いつつ	열	十	とお
몇		いくつ			

숫자	읽기	숫자	읽기	숫자	읽기	숫자	읽기
1	いち	11	じゅういち	10	じゅう	100	ひゃく

2	に	12	じゅうに	20	にしゅう	200	にひゃく
3	さん	13	じゅうさん	30	さんじゅう	300	さんびゃく
4	し、よん	14	じゅうよん	40	よんじゅう	400	よんひゃく
5	ご	15	じゅうご	50	ごじゅう	500	ごひゃく
6	ろく	16	じゅうろく	60	ろくじゅう	600	ろっぴゃく
7	しち、なな	17	じゅうなな	70	ななじゅう	700	ななひゃく
8	はち	18	じゅうはち	80	はちじゅう	800	はっぴゃく
9	きゅう、く	19	じゅうきゅう	90	きゅうじゅう	900	きゅうひゃく
10	じゅう	20	にじゅう	100	ひゃく	1,000	せん
몇	いくつ					1,000	せん
						2,000	にせん
						3,000	さんぜん
						4,000	よんせん
						5,000	ごせん
						6,000	ろくせん
						7,000	ななせん
						8,000	はっせん
						9,000	きゅうせん
						10,000	いちまん

1	いち　ばん	1번	1	だい　いち	제1
2	に　ばん	2번	2	だい　に	제2
3	さん　ばん	3번	3	だい　さん	제3
4	よん　ばん	4번	4	だい　よん	제4
5	ご　ばん	5번	5	だい　ご	제5
6	ろく　ばん	6번	6	だい　ろく	제6
7	なな　ばん	7번	7	だい　なな	제7
8	はち　ばん	8번	8	だい　はち	제8
9	きゅう　ばん	9번	9	だい　きゅう	제9
10	じゅう　ばん	10번	10	だい　じゅう	제10

数(かぞ)えてください

九(きゅう)から　四(よん)を　ひくと　五(ご)が　のこります。
三(さん)に　五(ご)を　たすと　八(はち)に　なります。
六(ろく)に　七(なな)を　たすと　いくつに　なりますか。

二(に)の　四倍(よんばい)と　四(よん)の　二倍(にばい)は　おなじです。
どちらも　八(はち)に　なります。

雑誌(ざっし)は　これです。

十(じゅう)の　三倍(さんばい)は　三十(さんじゅう)で、二(に)の　十倍(じゅうばい)は　二十(にじゅう)です。
十(じゅう)の　二倍(にばい)から　十倍(じゅうばい)まで　かぞえて　みなさい。
二十(にじゅう)、三十(さんじゅう)、四十(よんじゅう)、五十(ごじゅう)、六十(ろくじゅう)、七十(ななじゅう)、八十(はちじゅう)、九十(きゅうじゅう)、百(ひゃく)。
そうです、よく　できました。

次(つぎ)は　百(ひゃく)の　二倍(にばい)から　十倍(じゅうばい)まで　かぞえて　ください。
二百(にひゃく)、三百(さんびゃく)、四百(よんひゃく)、五百(ごひゃく)、六百(ろっぴゃく)、七百(ななひゃく)、八百(はっぴゃく)、九百(きゅうひゃく)、千(せん)。

千(せん)の　五倍(ごばい)は　五千(ごせん)で、十倍(じゅうばい)は　一万(いちまん)です。

새로 나온 단어

- ください[kudasai]：주십시오
- よく[yoku]：잘
- ひく[hiku]：빼다, 끌다
- できました[dekimasita]：되었습니다
- のこります[nokorimasu]：남습니다
- つぎ[tsugi]：다음
- たす[tasu]：더하다, 보태다
- せん[seng]：천
- なります[narimasu]：됩니다
- まん[mang]：만
- おなじです[onajidesu]：같습니다
- ばい[bai]：배, 곱

- どちら[dochira]：어느 쪽
- そうです[so：desu]：그렇습니다
- から[kara]：~부터, ~에서
- には[niwa]：~에는
- みなさい[minasai]：보십시오
- まで[made]：까지
- ひゃく[hyaku]：백
- いくつ[ikutsu]：몇

세어 주세요

9에서 4를 빼면 5가 됩니다.
3에 5를 더하면 8이 됩니다.
6에 7을 더하면 몇이 됩니까?

2의 4배와 4의 2배는 같습니다.
어느 쪽도 8이 됩니다.

10의 3배는 30이고, 2의 10배는 20입니다.
10의 2배부터 10배까지 세어 보세요.
20, 30, 40, 50, 60, 70, 80, 90, 100.
그렇습니다. 잘 했습니다.

다음에는 100의 2배부터 10배까지 세어 주세요.
200, 300, 400, 500, 600, 700, 800, 900, 1,000.

1,000의 5배는 5,000이고, 10배는 10,000입니다.

• 수학

① 수학 : すうがく(数学)
② 덧셈 : たしざん(足し算)
③ 뺄셈 : ひきざん(引き算)
④ 곱셈 : かけざん(掛け算)
⑤ 나눗셈 : わりざん(割り算)
⑥ 방정식 : ほうていしき(方程式)
⑦ 소수점 : しょうすうてん(小数点)

⑧ 분수 : ぶんすう(分数)
⑨ 배수 : ばいすう(倍数)
⑩ 루트 : ルート
⑪ 백분율 : ひゃくぶんりつ(百分率)
⑫ 비율 : ひりつ(比率)
⑬ 모눈종이 : ほうがんし(方眼紙)
⑭ 직선 : ちょくせん(直線)
⑮ 쌍곡선 : そうきょくせん(双曲線)
⑯ 포물선 : ほうぶつせん(放物線)
⑰ 꺾은선그래프 : おれせん(折れ線)グラフ
⑱ 원그래프 : えん(円)グラフ
⑲ 막대그래프 : ぼう(棒)グラフ
⑳ 띠그래프 : おび(帯)グラフ

第8課 いくらですか 얼마입니까

お金は　いくらですか

さいふの　中に　お金が　あります。

いくら　ありますか。

一万円さつが　三枚と、千円さつが　五枚、

百円だまが　一枚　あります。

みんなで　いくらですか。

三万五千百円です。

お金で　何を　しますか。

いろいろな　ものを　買います。

この　机の　中に　鉛筆が　十二本　あります。

一本　二十円ずつです。

一ダースで　いくらですか。

二百四十円です。

半ダースでは　いくらに　なりますか。

ひとつ　いくらですか。

ラーメンは　いくらですか。

새로 나온 단어

- おかね[okane]：돈
- いくら[ikura]：얼마
- ひゃくえん[hyakueng]：백 엔
- もの[mono]：물건

- さいふ[saihu] : 지갑
- かいます[kaimasu] : 삽니다
- まんえん[mangeng] : 만 엔
- ほん[hong] : 가늘고 긴 것을 세는 단위
- さつ[satsu] : 지폐
- だま[dama] : 동전
- ずつ[zutsu] : 씩
- まい[mai] : 장, 매
- ダース[da : su] : 다스(12개)
- せんえん[sengeng] : 천 엔
- はん[hang] : 반, 절반

돈은 얼마입니까

지갑 속에 돈이 있습니다.
얼마 있습니까?
만 엔 지폐가 세 장, 천 엔 지폐가 다섯 장,
백 엔 동전이 한 개 있습니다.
모두 얼마입니까?
삼만 오천백 엔입니다.

돈으로 무엇을 합니까?
여러 가지 물건을 삽니다.

이 책상 속에 연필이 열두 자루 있습니다.
한 자루에 20엔씩입니다.
한 다스에 얼마입니까?
240엔입니다.
반 다스라면 얼마가 됩니까?

하나에 얼마입니까?
라면은 얼마입니까?

문법 공부

1. 물건을 셀 때는 알맞은 단위를 붙여야 한다.
   평평하고 얇은 종이 같은 것‥‥‥まい(枚)
   가늘고 긴 연필・펜 같은 것‥‥‥ほん・ぼん・ぽん(本)
   돈(동전이나 지폐)‥‥‥えん(円)

2. 「おかね」의 「お」는 높임말이 아니라, 중요하다는 뜻이다.
   おちゃ(차) おかし(과자)

3. 단위 읽기
   ① 돈(동전・지폐)
   いちえん、にえん、さんえん、よんえん、ごえん、ろくえん、
   ななえん、はちえん、きゅうえん、じゅうえん。
   ② 종이, 수건 따위
   いちまい、にまい、さんまい、よんまい、ごまい、ろくまい、
   ななまい、はちまい、きゅうまい、じゅうまい。
   ③ 연필, 펜 따위
   いっぽん、にほん、さんぼん、よんほん、ごほん、ろっぽん、
   ななほん、はっぽん、きゅうほん、じゅっぽん。

하나	둘	셋	넷	다섯	여섯	일곱	여덟	아홉	열
ひとつ	ふたつ	みっつ	よっつ	いつつ	むっつ	ななつ	やっつ	ここのつ	とお

• 숫자 읽기(100~1억)

100	ひゃく	1,000	せん	10,000	いちまん
200	にひゃく	2,000	にせん	100,000	じゅうまん
300	さんびゃく	3,000	さんぜん	100만	ひゃくまん
400	よんひゃく	4,000	よんせん	1,000만	いっせんまん
500	ごひゃく	5,000	ごせん	1억	いちおく
600	ろっぴゃく	6,000	ろくせん		
700	ななひゃく	7,000	ななせん		

800	はっぴゃく	8,000	はっせん	
900	きゅうひゃく	9,000	きゅうせん	

例) 3,450円(さんぜんよんひゃくごじゅうえん)
2,800円(にせんはっぴゃくえん)
※ 円(えん) : 엔(일본의 화폐단위)

참고자료

● 数字(すうじ) 숫자

0	1	2	3	4	5	6	7	8	9	10
零	一	二	三	四	五	六	七	八	九	十
れい	いち	に	さん	よん し	ご	ろく	なな しち	はち	く きゅう	じゅう

※ 한국어의 「일, 이, 삼···」에 해당한다.
가격, 연월, 길이, 무게 등에 사용된다.

12 十二 じゅうに	100 百 ひゃく	1,000 千 せん
20 二十 にじゅう	500 五百 ごひゃく	2,400 二千四百 にせんよんひゃく
50 五十 ごじゅう	750 七百五十 ななひゃくごじゅう	6,000 六千 ろくせん

※ 10, 100, 1,000의 「1」은 발음하지 않는다.
예) 1000 ≠ いっせん
단, 10,000 이상의 「1」은 발음한다.
예) 10,000 = いちまん, 100,000,000 = いちおく

10,000 一万 いちまん 만	1,000,000 百万 ひゃくまん 백만	100,000,000 一億 いちおく 일억	1,000,000,000,000 一兆 いっちょう 일조

●買い物の言葉（かいもののことば） 물건을 살 때

いくらですか 얼마예요?	→	○○○円（えん） ○○○엔

袋（ふくろ）に　入（い）れてください。 봉투에 넣어 주세요.	20円（えん）かかりますが…。 20엔 내셔야 합니다만…

みかん　600円分（えんぶん）　ください。 귤 600엔어치 주세요.
カルビ　一人前（いちにんまえ）　ください。 갈비 1인분 주세요.
カルビは　二人前（ににんまえ）からなんですが…。 갈비는 2인분부터 주문할 수 있습니다만…

円（えん） 엔	ドル 달러	メートル 미터	キログラム 킬로그램

●固有数字（こゆうすうじ） 수사

一つ ひとつ 하나	二つ ふたつ 둘	三つ みっつ 셋	四つ よっつ 넷	五つ いつつ 다섯
六つ むっつ 여섯	七つ ななつ 일곱	八つ やっつ 여덟	九つ ここのつ 아홉	十 とお 열

※ 한국어의「하나, 둘, 셋･･･」에 해당한다.
개수, 인원, 나이 등에 사용한다.

個 こ	歳 さい	名(인원) めい	いくつ？ なん＋단위	
度(횟수) ど	本(병) ほん	台 だい	匹 ひき	枚 まい
杯(컵) はい	月(개월) つき	足(신발) そく	着(옷) ちゃく	冊(책) さつ

りんご　五(いつ)つ　ください。 사과 다섯 개 주세요.
300円(えん)の　切手(きって)を　3枚(まい)　ください。 300엔 우표 3장 주세요.

何名様(なんめいさま)ですか？ 몇 분이십니까?	O名(めい)です。 O 명입니다.	3名(めい)です。 3명입니다.
酒量(しゅりょう)は？ 주량은?	ビール　O本(ほん)。 맥주 O 병	焼酎(しょうちゅう)　O杯(はい)。 소주 O 잔
何歳(なんさい)ですか? 몇 살이십니까?	O O歳(さい)です。 O O 살입니다.	

第9課 何人(なんにん)いますか 몇 명 있습니까

何人(なんにん)いますか 1

朴(パク)　：吉田(よしだ)さん、学生(がくせい)は　何人(なんにん)いますか。

吉田(よしだ)　：教室(きょうしつ)の　中(なか)にですか。

朴(パク)　：はい、そうです。

吉田(よしだ)　：学生(がくせい)が　14人(にん)います。

ひとり、ふたり、さんにん、よにん、ごにん、ろくにん、

ななにん、はちにん、きゅうにん、じゅうにん、

じゅういちにん、…じゅうよにん。

じゅうよにんですね。

朴(パク)　：運動場(うんどうじょう)にも　だれか　いますか。

吉田(よしだ)　：はい、います。

朴(パク)　：だれが　いますか。

吉田(よしだ)　：李(イ)さんと　山田(やまだ)さんが　います。

朴(パク)　：女(おんな)の学生(がくせい)は　何人(なんにん)いますか。

吉田(よしだ)　：女(おんな)の学生(がくせい)は　七人(ななにん)います。

朴(パク)　：にわには　とりが　いますか。

吉田(よしだ)　：いいえ、いません。　犬(いぬ)と　猫(ねこ)が　います。

朴(パク)　：何(なん)びきが　いますか。

吉田(よしだ)　：犬(いぬ)が　いっぴき、猫(ねこ)が　さんびき　います。

몇 사람 있습니까 1

박 : 요시다씨, 학생은 몇 사람 있습니까?

요시다 : 교실 안 말입니까?

박 : 예, 그렇습니다.

요시다 : 학생이 14명 있습니다.
한 명, 두 명, 세 명, 네 명, 다섯 명, 여섯 명, 일곱 명,
여덟 명, 아홉 명, 열 명,
열한 명, …열네 명.
열네 명이군요.

박 : 운동장에도 누군가 있습니까?

요시다 : 예, 있습니다.

박 : 누가 있습니까?

요시다 : 이씨와 야마다씨가 있습니다.

박 : 여학생은 몇 명 있습니까?

요시다 : 여학생은 일곱 명 있습니다.

박 : 정원에는 새가 있습니까?

요시다 : 아니요, 없습니다. 개와 고양이가 있습니다.

박 : 몇 마리 있습니까?

요시다 : 개가 한 마리, 고양이가 세 마리 있습니다.

새로 나온 단어

- 何人(なんにん) : 몇 명
- います : 있습니다
  생물(사람, 동물)에 대해서만 사용되며, 부정형은 いません(없습니다)이다. 그에 반해, 「あります」는 무생물, 식물, 세균 등에 사용되며, 부정형은 「ありません」이다.
- 学生(がくせい) : 학생
- 中(なか) : 안, 속
- 一人(ひとり) : 한 명
- 二人(ふたり) : 두 명
- 七人(ななにん) : 일곱 명
- 十四人(じゅうよにん) : 열네 명
- だれか : 누군가
- だれが : 누가
- 運動場(うんどうじょう) : 운동장
- 女(おんな) : 여자
- 男(おとこ) : 남자
- 庭(にわ) : 정원

- 鳥(とり)：새
- 犬(いぬ)：개
- 猫(ねこ)：고양이
- 何匹(なんびき)：몇 마리
- 一匹(いっぴき)：한 마리
- 三匹(さんびき)：세 마리
- ～と：～와, ～과
- ～も：～도

• 숫자

一	二	三	四	五
いち	に	さん	し・よん	ご
六	七	八	九	十
ろく	しち・なな	はち	きゅう・く	じゅう

何人(なんにん)いますか 2

講義室(こうぎしつ)に　学生(がくせい)が　おおぜい　います。
一人(ひとり)、二人(ふたり)、三人(さんにん)、四人(よにん)、五人(ごにん)、六人(ろくにん)、七人(ななにん)、
八人(はちにん)、九人(きゅうにん)、十人(じゅうにん)、十一人(じゅういちにん)、十二人(じゅうににん)。
みんなで　十二人(じゅうににん)　います。

女(おんな)の　学生(がくせい)は　何人(なんにん)　いますか。
女(おんな)の　学生(がくせい)は　四人(よにん)　います。
みんな　韓国(かんこく)の　学生(がくせい)ですか。
いいえ、外国(がいこく)の　学生(がくせい)も　います。
外国人(がいこくじん)は　何人(なんにん)　いますか。
外国人(がいこくじん)は　一人(ひとり)しか　いません。
どの　国(くに)の　学生(がくせい)ですか。
中国(ちゅうごく)の　学生(がくせい)です。

隣(となり)の　講義室(こうぎしつ)には　だれか　いますか。

いいえ、だれも　いません。

先生(せんせい)は　どこに　いますか。
研究室(けんきゅうしつ)に　います。

문 형

- みんなで　十二人(じゅうににん)　います。
- 女(おんな)の　学生(がくせい)は　何人(なんにん)　いますか。
- 外国人(がいこくじん)は　一人(ひとり)しか　いません。

새로 나온 단어

- 講義室(こうぎしつ) : 강의실
- 学生(がくせい) : 학생
- おおぜい : 많은 사람
- います : 있습니다
- 一人(ひとり) : 한 명
- 二人(ふたり) : 두 명
- 三人(さんにん) : 세 명
- 四人(よにん) : 네 명
- 五人(ごにん) : 다섯 명
- 六人(ろくにん) : 여섯 명
- 七人(ななにん) : 일곱 명
- 八人(はちにん) : 여덟 명
- 九人(きゅうにん) : 아홉 명
- 十人(じゅうにん) : 열 명
- 十一人(じゅういちにん) : 열한 명
- 十二人(じゅうににん) : 열두 명
- みんなで : 모두 합해서, 모두
- 女(おんな) : 여자
- 何人(なんにん) : 몇 명
- 韓国(かんこく) : 한국
- 外国(がいこく) : 외국
- ～しか : ～밖에
- いません : 없습니다
  いますの 부정 뒤에 부정이 온다.
- どの : 어느
- 国(くに) : 나라
- 中国(ちゅうごく) : 중국
- 隣(となり) : 옆, 곁
- だれか : 누군가
- だれも : 아무도
- 先生(せんせい) : 선생님
- 研究室(けんきゅうしつ) : 연구실

몇 명 있습니까 2

강의실에는 학생이 많이 있습니다.
한 명, 두 명, 세 명, 네 명, 다섯 명, 여섯 명, 일곱 명,
여덟 명, 아홉 명, 열 명, 열한 명, 열두 명.
모두 열두 명 있습니다.

여학생은 몇 명 있습니까?
여학생은 네 명 있습니다.
모두 한국 학생입니까?
아니요, 외국 학생도 있습니다.
외국인은 몇 명 있습니까?
외국인은 한 명밖에 없습니다.
어느 나라 학생입니까?
중국 학생입니다.

옆 강의실에는 누군가 있습니까?
아니요, 아무도 없습니다.

선생님은 어디에 있습니까?
연구실에 있습니다.

해 설

1. います：사람・동물의 존재를 나타낼 때 사용한다.
   あります：무생물・식물의 존재나 사람・동물의 존재의 유무를 나타낼 때 사용한다.
   例) 田中さんは　部屋に　います。(田中씨는 방에 있습니다.)
   あそこに　時計が　あります。(저기에 시계가 있습니다.)
   私は　二人の　子供が　あります。(나는 두 명의 아이가 있습니다.)

2. 男(おとこ), 女(おんな)만을 쓸 경우에는 俗語의 느낌이 강하다. 男(おとこ)の人(ひと), 女(おんな)の人(ひと)를 쓰는 것이 좋다.

3. ~しか：~밖에. 뒤에 반드시 부정이 온다.

男の　学生しか　いません。(남학생 밖에 없습니다.)
一つしか　ありません。(한 개 밖에 없습니다.)

4. 사람을 헤아리는 조수사

一人	ひとり	한 명	六人	ろくにん	여섯 명
二人	ふたり	두 명	七人	しちにん	일곱 명
三人	さんにん	세 명	八人	はちにん	여덟 명
四人	よにん	네 명	九人	きゅうにん	아홉 명
五人	ごにん	다섯 명	十人	じゅうにん	열 명
何人	なんにん	몇 명			

第10課 何(なに)をしていますか 무엇을 하고 있습니까

何(なに)をしていますか

• 회화 1

私(わたし)は　あるいて　いますが

あなたは　こしかけて　います。

私(わたし)は　韓国語(かんこくご)を　教(おし)えて　いますが

あなたは　習(なら)って　います。

私(わたし)は　話(はな)して　いますが

あなたは　きいて　います。

私(わたし)は　しんぶんを　よんで　いますが

あなたは　何(なに)を　見(み)て　いますか。

私(わたし)は　そこへ　行(い)きましたが、

あなたは　ここへ　来(き)ましたか。

右(みぎ)の　手(て)と　左(ひだり)の　足(あし)。

漢字(かんじ)の　本(ほん)と　日本語(にほんご)の　本(ほん)。

私(わたし)は　字(じ)を　書(か)いて　います。

机(つくえ)の　下(した)に　置(お)いて　ください。

あの　席(せき)へ　帰(かえ)って　ください。

三井(みつい)さん、本(ほん)を　あけて　ください。

• 회화 2

朴(パク)　：私(わたし)は　テレビを　みて　いますが、

吉田(よしだ)さんは　何(なに)を　して　いますか。

吉田(よしだ)　：私(わたし)は　本(ほん)を　よんで　います。

朴(パク)　：私(わたし)は　日本語(にほんご)の　べんきょうを　して　いますが、
吉田(よしだ)さんは　何(なに)を　べんきょうして　いますか。

吉田(よしだ)　：私(わたし)は　中国語(ちゅうごくご)の　べんきょうを　して　います。
私(わたし)は　きのう　ソウルへ　いきましたが、
朴(パク)さんは　どこへ　いきましたか。

朴(パク)　：私(わたし)は　きのう　釜山(プサン)へ　いきました。
私(わたし)は　右(みぎ)の手(て)で　字(じ)を　書(か)いて　いますが、
吉田(よしだ)さんは　右(みぎ)の手(て)で　何(なに)を　して　いますか。

吉田(よしだ)　：私(わたし)は　右(みぎ)の手(て)で　はしを　もって　います。

새로 나온 단어

- する[suru]：~하다
- みぎ[migi]：오른(쪽)
- あるく[aruku]：걷다
- て[te]：손
- こしかける[kosikakeru]：걸터앉다
- ひだり[hidari]：왼(쪽)
- かんこくご[kangkokugo]：한국어
- あし[asi]：발, 다리
- おしえる[osieru]：가르치다
- かんじ[kanji]：한자
- ならう[narau]：배우다
- にほんご[nihonggo]：일본어
- はなす[hanasu]：말하다
- じ[ji]：글자, 글씨
- きく[kiku]：듣다
- かく[kaku]：쓰다, 적다
- しんぶん[simbung]：신문
- おく[oku]：놓다
- よむ[yomu]：읽다
- せき[seki]：자리
- みる[miru]：보다
- かえる[kaeru]：돌아오다
- いく[iku]：가다, 돌아가다
- くる[kuru]：오다
- あける[akeru]：열다, 펴다
- テレビ[terebi]：텔레비전
- きのう[kino：]：어제
- ちゅうごくご[tsyu：gokugo]：중국어
- ソウル[souru]：서울
- プサン[pusang]：부산
- はし[hasi]：젓가락
- もつ[motsu]：가지다, 들다

무엇을 하고 있습니까

• 회화 1

나는 걷고 있지만
당신은 걸터앉아 있습니다.
나는 한국어를 가르치고 있지만
당신은 배우고 있습니다.
나는 말하고 있지만
당신은 듣고 있습니다.

나는 신문을 읽고 있지만
당신은 무엇을 보고 있습니까?
나는 거기에 갔지만
당신은 여기에 왔었습니까?

오른손과 왼발
한자 책과 일본어 책
나는 글을 쓰고 있습니다.
책상 밑에 놓아 주십시오.
저 자리로 돌아가 주십시오.
미츠이씨 책을 펴 주십시오.

• 회화 2

박　　: 나는 텔레비전을 보고 있습니다만,
　　　　요시다씨는 무엇을 하고 있습니까?
요시다 : 나는 책을 읽고 있습니다.

박　　: 나는 일본어 공부를 하고 있습니다만,
　　　　요시다씨는 무엇을 하고 있습니까?
요시다 : 나는 중국어 공부를 하고 있습니다.
　　　　나는 어제 서울에 갔습니다만,
　　　　박씨는 어디에 갔습니까?

박　　: 나는 어제 부산에 갔습니다.
　　　나는 오른손으로 글씨를 쓰고 있습니다만,
　　　요시다씨는 오른손으로 무엇을 하고 있습니까?
요시다 : 나는 오른손으로 젓가락을 들고 있습니다.

문법공부

1. 「て　います」는 「동사의 연용형＋て」로, 「･･･하고」 또는 「･･･하여」의 뜻이 되고, 거기에 「います＝いる」가 붙어 동작 또는 상태를 나타내는 보조동사가 되어 「･･･하고 있습니다」, 「･･･해 있습니다」가 된다.

2. 동사에 조동사 「ます」나 조동사 「て」가 붙는 경우. 동사의 연용형이 「て」에 연결될 때에는 五단 활용 동사의 경우 「サ」행 이외의 것은 음이 변하는데, 이것을 音便(おんびん)(음편)이라고 한다.

보기

おく→おきます→おいてかえる→かえります→かえって
かく→かきます→かいてきく→ききます→きいて
たつ→たちます→たって ならう→ならいます→ならって
とる→とります→とってはなす→はなします→はなして
もつ→もちます→もってよむ→よみます→よんで

● おんびんけい(음편형)

① 「い・ち・り」가 촉음 「っ」로 변하는 것

보기

ならいます → ならって
もちます → もって
とります → とって
} ── そくおんびん(촉음편)

② 「き」가 「い」로 변하는 것

보기

おきます　→　おいて
かきます　→　かいて
— いおんびん(い음편)

③ 「み」가 「ん」으로 변하는 것

보기

よみます　→　よんで]—はつおんびん(발음편)
「はつおんびん」의 경우 「て」가 「で」로 바뀐다.

第11課 今、何時ですか 지금, 몇 시입니까

今、何時ですか

1) 時間

一日は　二十四時間です。
一時間は　六十分で、一分は　六十秒です。

時計には　時の　針と　分の　針が　あります。
時の　針は　みじかくて、分の　針は　長いです。

両方の　針が　いっしょに　上に　来ると
ちょうど　十二時です。
また、いっしょに　下に　来る　ときは
五時半か　六時半です。

今、みじかい　針は　七と　八の　間を　さして、
長い　針は　六を　さして　います。
何時でしょう。
七時半です。

長い　針が　十を　さすと
八時十分前に　なります。

새로 나온 단어

- じかん[jikang] : 시간
- いっしょに[itsyoni] : 함께
- いちにち[ichinichi] : 하루, 1일
- うえ[ue] : 위
- ふん[hung] : 분
- した[sita] : 아래
- びょう[byo :] : 초
- くる[kuru] : 오다
- じ[ji] : 시
- はん[hang] : 반
- はり[hari] : 바늘, 침
- みじかい[mijikai] : 짧다
- ちょうど[tsyo : do] : 꼭, 정확히
- あいだ[aida] : 사이
- ながい[nagai] : 길다
- さす[sasu] : 가리키다
- りょうほう[ryo : ho :] : 양쪽
- でしょう[desyo :] : ~일까요

지금 몇 시입니까

1) 시간

하루(1일)는 24시간입니다.
1시간은 60분이고, 1분은 60초입니다.

시계에는 시침과 분침이 있습니다.
시침은 짧고, 분침은 깁니다.

양쪽 바늘이 함께 위에 올 때는
정확히 12시입니다.
또, 함께 아래에 올 때는
5시 반이나 6시 반입니다.

지금 짧은 바늘은 7과 8 사이를 가리키고,
긴 바늘은 6을 가리키고 있습니다.
몇 시일까요?
7시 반입니다.

긴 바늘이 10을 가리키면
8시 10분 전이 됩니다.

문법공부

1. 읽기에 있어서 접속조사 「と」와 격조사 「の」가 연결하는 말은 붙이고, 부조사 「は」에서는 떼고, 형용사도 수식하는 다음 말과는 붙여야 한다.

   長(なが)い針(はり)は　九(きゅう)を　さして　みじかい針(はり)は

   二(に)と三(さん)の間(あいだ)を　さして　います。

2. 시각을 나타내는 단위는 「時(じ)・分(ふん)・秒(びょう)」이다.

   주의할 점은, 4시는 「よじ」, 9시는 「くじ」로 읽는다. 또, 분(分)은 앞에 촉음 「っ」이나 발음 「ん」이 올 때는 뿐(ぷん)으로 발음한다.

   いっぷん　　さんぷん

   그리고 초(びょう)는 4초를 「よんびょう」, 9초는 「きゅうびょう」라고 읽는 것이 옳다.

3. 형용사의 변화

   형용사는 원형 어미가 「い」로 끝난다. 그리고 종지형, 연체형이 같으며, 연용형은 어미 「い」가 「く」로 변한다.

원형	연용형	종지형	연체형
みちかい	みじかく	みじかい	みじかい
ながい	ながく	ながい	ながい

4. 「でしょう」는 「···일 것입니다」라는 뜻이지만, 의문문이 될 때에는 「か」가 생략된 것으로, 「···일까요?」로 해석해야 한다.

   だれ　　　　でしょう　　　どなた　　　でしょう

   누구(의문)　　일까요?　　　어느　　　　분일까요?

5. 형용사는 대개 「て」로 연결되고, 부정할 때는 「は」로 연결된다.

   おおきくて、　ちいさくて、　あかくて、　ながくて。

   おおきくは、　ちいさくは、　あかくは、　ながくは。

   ※ 어미가 「い」에서 「く」로 변하였을 때

6. 회화에서는 말투를 부드럽게 하기 위해 추정・추량형을 많이 쓴다는 것에 유념하자.

   です············でしょう。ます············ましょう。

보기

そこに　えんぴつが　ありますでしょう。(거기에 연필이 있지요?)
そこに　ほんが　ありましたでしょう。(거기에 책이 있었지요?)
そこに　くつが　ありませんでしょう。(거기에 구두가 없지요?)

회화공부

※ 시간에 대해 형제 간에 대화할 때

あに：としお、今(いま)　何時(なんじ)かね。

토시오, 지금 몇 시지?

おとうと：今(いま)　7時(しちじ)　20分(にじゅっぷん)　ですよ。

지금 7시 20분입니다.

あに：ああ　そうか、学校(がっこう)へ　行(い)く　時間(じかん)に　なったね。

아 그래, 학교에 갈 시간이 되었군.

おとうと：そうですよ、私(わたし)も　じゅんびを　して　いますよ。

그래요, 나도 준비를 하고 있어요.

2) 東(ひがし)·西(にし)·南(みなみ)·北(きた)

一日(いちにち)は　零時(れいじ)から　二十四時(にじゅうよじ)までです。
一日(いちにち)を　二(ふた)つに　分(わ)けて　午前(ごぜん)と　午後(ごご)に　します。
午前(ごぜん)の　六時(ろくじ)は　朝(あさ)で、午後(ごご)の　六時(ろくじ)は　夕方(ゆうがた)です。

東(ひがし)から　日(ひ)が　出(で)ると　あかるく　なります。
日(ひ)が　西(にし)に　はいると　くらく　なります。

なつには　南(みなみ)から　あたたかい　かぜが　ふきます。
ふゆには　北(きた)から　つめたい　かぜが　ふいて　きます。

朝(あさ)から　夕方(ゆうがた)までが　昼間(ひるま)で、夕方(ゆうがた)から　朝(あさ)までが　夜(よる)です。

昼間(ひるま)は　あかるくて　夜(よる)は　くらいです。
夜(よる)には　星(ほし)が　出(で)ます。また、月(つき)も　出(で)ます。

はるは　あたたかくて　花(はな)が　さきます。
あきは　すずしくて、
つゆや　しもが　雪(ゆき)の　ように　しろく　見(み)えます。

夜(よる)　おそく　ねて　朝(あさ)　おそく　起(お)きます。
そんな　人(ひと)たちは　大(たい)てい　あさねぼうを　します。

새로 나온 단어

- ひがし[higasi]：동, 동쪽
- ゆうがた[yu：gata]：저녁(때)
- にし[nisi]：서, 서쪽
- ひ[hi]：해
- みなみ[minami]：남, 남쪽
- でる[deru]：나오다, 나가다
- きた[kita]：북, 북쪽
- あかるい[akarui]：밝다
- れいじ[reiji]：0시
- なります[narimasu]：됩니다
- わける[wakeru]：나누다
- はいる[hairu]：들어가다
- ごぜん[gozeng]：오전
- くらい[kurai]：어둡다
- ごご[gogo]：오후
- なつ[natsu]：여름
- します[simasu]：합니다
- あたたかい[atatakai]：따뜻하다
- あさ[asa]：아침
- かぜ[kaze]：바람
- ふきます[hukimasu]：붑니다
- はる[haru]：봄
- ふゆ[huyu]：겨울
- はな[hana]：꽃
- つめたい[tsumetai]：차갑다
- さきます[sakimasu]：핍니다
- ふく[huku]：불다
- あき[aki]：가을
- きます[kimasu]：옵니다
- すずしい[suzusi：]：서늘하다
- ひるま[hiruma]：낮, 낮 동안
- つゆ[tsuyu]：이슬
- よる[yoru]：밤
- しも[simo]：서리
- ほし[hosi]：별
- ゆき[yuki]：눈
- つき[tsuki]：달
- ように[yo：ni]：~처럼, ~같이

2) 동서남북

하루는 0시부터 24시까지입니다.
하루를 둘로 나누어서 오전과 오후로 합니다.
오전 6시는 아침이고, 오후 6시는 저녁입니다.

동쪽에서 해가 나오면(뜨면) 밝아집니다.
해가 서쪽으로 들어가면(지면) 어두워집니다.

여름에는 남쪽에서 따뜻한 바람이 붑니다.
겨울에는 북쪽에서 찬바람이 불어옵니다.

아침부터 저녁까지가 낮이고, 저녁부터 아침까지가 밤입니다.
낮은 밝고 밤은 어둡습니다.
밤에는 별이 나옵니다(뜹니다). 또, 달도 나옵니다(뜹니다).

봄은 따뜻하고 꽃이 핍니다.
가을은 서늘하고,
이슬이나 서리가 눈처럼 희게 보입니다.

밤 늦게 자고 아침 늦게 일어납니다.
그런 사람들은 대개 아침에 늦잠을 잡니다.

참고자료

- 時間(じかん)と時計(とけい) 시간과 시계

<table>
<tr><td rowspan="2">今(いま) 何時(なんじ)ですか？
지금 몇 시예요?</td><td colspan="2">ＯＯ時(じ) ＯＯ分(ふん)です
ＯＯ시 ＯＯ분이에요.</td></tr>
<tr><td>ＯＯ分前(ふんまえ)
ＯＯ분 전</td><td>ＯＯ分過(ふんす)ぎ
ＯＯ분 지남</td></tr>
</table>

００時(じ)に　起(お)こして　ください ００시에 깨워 주세요.	００時頃(じころ) ００시쯤
００時(じ)に　会(あ)いましょう ００시에 만납시다.	午前(ごぜん) 오전
何時(なんじ)に　出発(しゅっぱつ)しますか？ 몇 시에 출발합니까?	午後(ごご) 오후
何時(なんじ)に　到着(とうちゃく)しますか？ 몇 시에 도착합니까?	時間(じかん)がない 시간이 없다
どのくらい　かかりますか？ 어느 정도 걸립니까?	徹夜(てつや)で遊(あそ)ぼう！ 밤새 놀자!

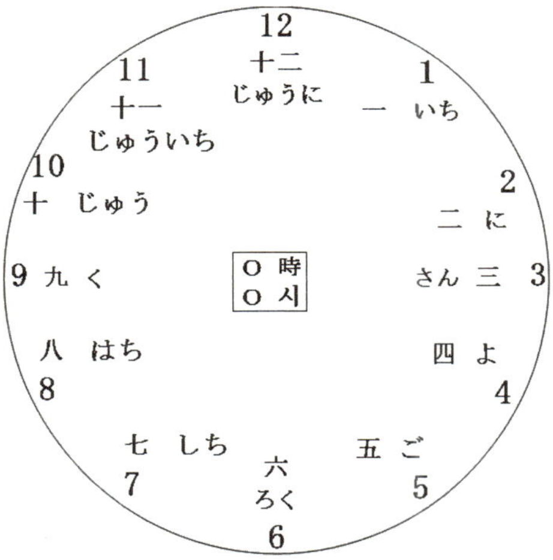

• 대략적인 시간 분류법

심야~동틀녘 (오전) 深夜(しんや)	새벽~오전 朝(あさ)	점심 무렵 昼(ひる)	저녁~밤 夕方(ゆうがた)	밤 夜(よる)

• 시간 읽는 방법

1時 いちじ	2時 にじ	3時 さんじ	4時 よじ	5時 ごじ	6時 ろくじ
7時 しちじ	8時 はちじ	9時 くじ	10時 じゅうじ	11時 じゅう いちじ	12時 じゅう にじ

• 00時(じ)　00分(ふん·ぷん)　00시 00분

10分 じゅっぷん	20分 にじゅっぷん	30分 さんじゅっぷん
40分 よんじゅっぷん	50分 ごじゅっぷん	0分 れい·ゼロふん

Q：今(いま)、何時(なんじ)ですか？

A：午前(ごぜん)　10時(じ)　25分(ふん)です。

0 ゼロ·れい	1 いち	2 に	3 さん	4 よん·し	5 ご
6 ろく	7 なな·しち	8 はち	9 きゅう·く	10 じゅう	11 じゅういち
12 じゅうに	20 にじゅう	100 ひゃく	200 にひゃく	300 さんびゃく	600 ろっぴゃく
800 はっぴゃく	1,000 せん	3,000 さんぜん	8,000 はっせん		

一つ ひとつ 하나·한 개	二つ ふたつ 둘·두 개	三つ みっつ 셋·세 개	四つ よっつ 넷·네 개	五つ いつつ 다섯·다섯 개
六つ むっつ 여섯·여섯 개	七つ ななつ 일곱·일곱 개	八つ やっつ 여덟·여덟 개	九つ ここのつ 아홉·아홉 개	十 とお 열·열 개

何時(なんじ) 몇 시	何分(なんぷん) 몇 분	明け方(あけがた) 새벽	早朝(そうちょう) 이른 아침	朝(あさ) 아침	昼(ひる) 점심
夕方(ゆうがた) 저녁	夜(よる) 밤	夜中(よなか) 한밤중	午前(ごぜん) 오전	午後(ごご) 오후	正午(しょうご) 정오

第12課 何の色ですか 무슨 색깔입니까

何の色ですか

これは　赤い　花です。
それは　青い　紙です。
あれは　白い　靴です。

この　紙は　白いです。
その　本は　黄色いです。
あの　色は　黒です。

その　紙は　白いですか。
いいえ、白くないです。
じゃあ、何の　色ですか。
赤です。

この　ボールペンは　長いですか。
いいえ、長くは　ないです。
みじかいです。

あの　はこは　小さいですか。
この　はこは　大きいです。

새로 나온 단어

- あか(い)[aka(i)] : 빨강(빨갛다)
- はな[hana] : 꽃
- あお(い)[ao(i)] : 파랑(파랗다)
- かみ[kami] : 종이
- しろ(い)[siro(i)] : 검정(검다)
- くつ[kutsu] : 신발
- きいろ(い)[ki : ro(i)] : 노랑(노랗다)
- くろ(い)[kuro(i)] : 검정(검다)
- あか(い)[aka(i)] : 빨강(빨갛다)
- いろ[iro] : 색(색깔)
- はこ[hako] : 상자
- ちいさい[chi : sai] : 작다
- おおきい[o : ki :] : 크다

무슨 색깔입니까

이것은 빨간 꽃입니다.
그것은 파란 종이입니다.
저것은 흰 신발입니다.

이 종이는 흽니다.
그 책은 노랗습니다.
저 색은 검정입니다.

그 종이는 흽니까?
아니요, 희지는 않습니다.
그럼, 어떤 색깔입니까?
빨갛습니다.

이 볼펜은 깁니까?
아니요, 길지는 않습니다.
짧습니다.

저 상자는 작습니까?
이 상자는 큽니다.

참고자료

• 色(いろ) 색

Q：あの 白(しろ)の ブラウスを 見(み)せて ください。

A：はい、どうぞ。

Q：他(ほか)の 色(いろ)は ありませんか。

A：青(あお)と黒(くろ)が あります。

濃(こ)い色(いろ) ⇔ 薄(うす)い色(いろ) 짙은 색 ⇔ 옅은 색
明(あか)るい色(いろ) ⇔ 暗(くら)い色(いろ) 밝은 색 ⇔ 어두운 색

• 활용 단어

赤 あか 빨강	紅色 べにいろ 다홍	水色 みずいろ 하늘색	灰色 はいいろ 회색
オレンジ 주황색	茶色 ちゃいろ 갈색	紺 こん 감색	黄色 きいろ 노란색
ピンク 핑크	桜色 さくらいろ 연분홍	緑 みどり 초록	ベージュ 베이지
紫 むらさき 보라	カーキ色 카키색	青 파란색	黒 검은색

～は ありますか？ ～은/는 있습니까?	～は どこにありますか？ ～은/는 어디에 있습니까?

Tシャツ 티셔츠	長袖 ながそで 긴팔	半袖 はんそで 반팔	ノースリーブ 민소매	スカート 치마

ズボン 바지	ジーンズ 청바지	皮の～ かわの～ 가죽～	ぴたぴたT 쫄티	帽子 ぼうし 모자
靴下 くつした 양말	ストッキング 스타킹	パンツ 팬티	ネクタイ 넥타이	背広 せびろ 양복
ジャケット 재킷	ネックレス 목걸이	指輪 ゆびわ 반지	ベルト 벨트	ハンドバッグ 핸드백
靴 くつ 구두	履物 はきもの 신발	毛皮 けがわ 모피	チマチョゴリ 한복	

他(ほか)の　色(いろ)は　ありませんか？
다른 색은 없습니까?

→

ある　있습니다.
ない　없습니다.

着(き)てみても　いいですか？
입어 봐도 됩니까?

→

いいです　입어 보세요.
だめです　안 돼요.

大(おお)きい ⇔ 小(ちい)さい 크다 ⇔ 작다
長(なが)い ⇔ 短(みじか)い 길다 ⇔ 짧다

ちょっと… 좀…	とても… 너무…

可愛(かわい)い 귀엽다	きれい 예쁘다
かっこいい 멋있다	サイズがぴったり 딱 맞다

よく 似合(にあ)う 잘 어울리다	気(き)に 入(い)った 마음에 든다

第13課 電話(でんわ)の会話(かいわ) 전화의 회화

予約(よやく)の応対(おうたい)

[電話(でんわ)での予約(よやく)の受付(うけつけ)]

Ｇ：もしもし、ＡＢＣレストランですか。

Ｗ：はい、ＡＢＣレストランでございます。

Ｇ：今晩(こんばん)６時(じ)に、予約(よやく)できますか。

Ｗ：何名様(なんめいさま)ですか。

Ｇ：6人(にん)です。

Ｗ：テーブル席(せき)と個室(こしつ)がございますが。

Ｇ：個室(こしつ)のほうでお願(ねが)いします。

Ｗ：かしこまりました。
お名前(なまえ)と電話番号(でんわばんごう)を伺(うかが)えますか。

Ｇ：中村(なかむら)です。電話番号(でんわばんごう)は871－2947です。

Ｗ：中村様(なかむらさま)、ご予約(よやく)ありがとうございます。

Ｇ：じゃあ、お願(ねが)いします。

＊　＊　＊

① お電話(でんわ)ありがとうございました。

새로 나온 단어

- 応対(おうたい)：응대
- 電話(でんわ)：전화
- 受付(うけつけ)：접수
- レストラン(restaurant)：레스토랑
- 今晩(こんばん)：오늘밤
- テーブル席(せき)：테이블 좌석
- 個室(こしつ)：독방

- 方(ほう) : 쪽, 방향
- お名前(なまえ) : 성함
- 番号(ばんごう) : 번호
- 伺(うかが)う : 듣다, 묻다의 겸양어
- 中村(なかむら) : 나카무라(일본의 성씨)

예약 응대

[전화로 예약 접수]

G : 여보세요, ABC 레스토랑입니까?
W : 네, ABC 레스토랑입니다.
G : 오늘밤 6시에 예약할 수 있습니까?
W : 몇 분이십니까?
G : 여섯 명입니다.
W : 테이블석과 독방이 있습니다만.
G : 독방 쪽으로 부탁합니다.
W : 잘 알겠습니다.
성함과 전화번호를 알려주시겠습니까?
G : 나카무라입니다. 전화번호는 871-2942입니다.
W : 나카무라씨, 예약해 주셔서 감사합니다.
G : 그럼, 부탁합니다.

* * *

① 전화 주셔서 감사합니다.

해 설

① 「もしもし」

「여보세요」라는 뜻으로, 일본어에서 사람을 부를 때 사용하는 말인데, 현대 일본어에서는 주로 전화를 걸 때 사용된다.

② 「方(ほう)」

원래 방향을 가리키는 말로, 「~쪽, ~편」이라는 뜻이다.

③「伺う」

「聞く(듣다)」, 「尋ねる(묻다, 찾아가다)」의 겸양어로, 손윗사람이나 고객에게 정중하게 물어볼 때 쓰인다.

電話をかける時

電話をかける時

もしもし、72の　9230番ですか。

はい、そうですが。どちらさまで　いらっしゃいますか。

私は　李鐘基と　申します。

どなたを　お呼びですか。

山下さんを　お願い致します。

はい、おつなぎ致します。

はい、私が　山下ですが。

久しぶりだね。ぼく、李鐘基だよ。

ああ、そう。実は　しばらくだったね。

明日　君の　家を　訪問したいが。

そうか、午後　2時なら　いいよ。

そうそう、では　また。

전화를 걸 때

여보세요, 72국의 9230번입니까?

예, 그렇습니다만. 누구십니까?

저는 이종기라고 합니다만.

누구를 찾으십니까?
야마시타씨를 부탁합니다.
네, 연결해 드리겠습니다.

네, 제가 야마시타입니다만.
오랜만이구나. 나 이종기인데.
아, 그래. 실은 꽤나 오랜만이네.

내일 집을 방문하고 싶은데.
그런가, 오후 2시라면 괜찮네.
그래그래, 그럼 또 다음에.

もしもし。金(キム)さんのお宅(たく)ですか

1. 金(キム)さんをお願(ねが)いします。
2. 山下(やました)と申(もう)します。
3. 日本語(にほんご)がわかりません。
4. 韓国語(かんこくご)でもいいですか?
5. ちょっと待(ま)ってください。
6. 電話(でんわ)を借(か)りてもいいですか?
7. この(公衆(こうしゅう))電話(でんわ)のかけ方(かた)を教(おし)えてください。

새로 나온 단어

- ~氏 : ~씨~(반드시 풀네임에 붙일 것)
- 様(さま) : ~님
- ミス : 미스
- ミスター : 미스터

여보세요. 김 선생님 댁이죠

1. 김 선생님 부탁합니다.
2. 야마다라고 합니다.
3. 일본어는 모릅니다.
4. 한국어로 해도 됩니까?
5. 잠깐만요./잠시만요.
6. 전화 써도 될까요?
7. 이 (공중)전화 어떻게 거나요?

[부를 때]

おじょうさん　아가씨

おねえさん　언니

おばさん　아주머니

おじさん、おにいさん　아저씨

先生(せんせい)　선생님(나이가 많은 사람에게)

折(お)り返(かえ)し電話(でんわ)

서울에 전근을 오게 된 松本씨는, 앞으로 근무하게 될 후지상사 서울 지사에 전화를 건다.

女職員(おんなしょくいん)　：はい、フジ商事(しょうじ)でございます。

松本(まつもと)　：あのう、フジインターナショナルの松本(まつもと)と申(もう)しますが、張(チャン)さん　お願(ねが)いします。

女職員(おんなしょくいん)　：申(もう)し訳(わけ)ございませんが、張(チャン)は　ただいま　ちょっと　席(せき)を外(はず)しておりますが･･･。

松本(まつもと)　：いつ　戻(もど)られますか。

女職員(おんなしょくいん)　：多分(たぶん)、30分(ぷん)ぐらいかかると思(おも)いますが、何(なに)か伝言(でんごん)がございましたら　お伝(つた)えいたします。もし電話番号(でんわばんごう)をおっしゃってくだされば、後(あと)で折(お)り返(かえ)し電話(でんわ)をかけるように　させますけど･･･。

松本(まつもと)　：あ、それじゃ、折(お)り返(かえ)し電話(でんわ)　お願(ねが)いします。

電話番号(でんわばんごう)は2260－0174です。では、お願(ねが)いします。

새로 나온 단어

- ～でございます：~입니다(です의 공손한 표현)
- 申(もう)す：말하다(言(い)う의 겸양어)
- 戻(もど)る：돌아오다(가다)
- ただいま：지금, 현재, 방금, 다녀왔습니다
- 折(お)り返(かえ)し電話(でんわ)：상대방이 건 전화에 대해 이쪽에서 다시 거는 전화
- 電話番号(でんわばんごう)：전화번호
- 商事(しょうじ)：상사
- 伝言(でんごん)：전언. 전할 말
- 言付(ことづ)け：전언
- 席(せき)を外(はず)す：자리를 비우다
- 伝(つた)える：전하다

나중에 이쪽에서 전화를 걸겠습니다

여직원　：네, 후지상사입니다.

松本　：저, 후지인터내셔널의 松本라고 합니다만,
장씨 부탁합니다.

여직원　：대단히 죄송합니다만,
장씨는 지금 잠시 자리를 비웠습니다.

松本　：언제 돌아오십니까?

여직원　：아마 30분 정도 걸릴 것 같습니다만,
전할 말씀이 있으시면 전해 드리겠습니다.
혹시 전화번호를 말씀해 주신다면 나중에 이쪽에서
전화를 걸도록 하겠습니다.

松本　：아, 그럼 전화 부탁드립니다.
전화번호는 2260－0174입니다.
그럼, 부탁드립니다.

第14課 学校へ行きます 학교에 갑니다

学校へ行きます

あなたは　毎朝　何時に　起きますか
だいたい　6時頃　起きます。

早起きですね。
私は　朝食の　前に　運動を　します。

では、学校の　授業は　何時からですか。
授業は　9時に　始まります。

家から　学校までは　どのくらい　時間が　かかりますか。
地下鉄で　30分ぐらい　かかります。

お昼は　どこで　食べますか。
学校の　食堂で　食べます。

学校は　何時頃　終わりますか。
午後　5時頃　終わります。

授業の　後は　何を　しますか。
図書館で　勉強します。

日曜日には　どこかへ　行きますか。
いいえ、どこへも　行きません。
一日中　家で　休みます。

문 형

- 授業(じゅぎょう)は　9時(じ)に　始(はじ)まります。
- 地下鉄(ちかてつ)で　30分(ぷん)ぐらい　かかります。
- 一日中(いちにちじゅう)　家(いえ)で　休(やす)みます。

새로 나온 단어

- 毎朝(まいあさ)：매일 아침
- 何時(なんじ)：몇 시
- 起(お)きる：상1 일어나다
- だいたい：대체로
- 頃(ごろ)：경, 쯤
- 早起(はやお)き：일찍 일어남
- 朝食(ちょうしょく)：아침식사
- 前(まえ)：앞
- 運動(うんどう)：운동
- 授業(じゅぎょう)：수업
- 始(はじ)まる：5 시작되다
- ぐらい：정도
- かかる：5 걸리다
- 地下鉄(ちかてつ)：지하철
- お昼(ひる)：점심
- 食堂(しょくどう)：식당
- 食(た)べる：하1 먹다
- 終(お)わる：5 끝나다
- 午後(ごご)：오후
- 後(あと)：뒤, 후
- 図書館(としょかん)：도서관
- 勉強(べんきょう)する：공부하다
- ～か：～인가
- ～へも：～에도
- 一日中(いちにちじゅう)：하루종일
- 家(いえ)：집
- 休(やす)む：5 쉬다

학교에 갑니다

당신은 아침 몇 시에 일어납니까?
대체로 6시경에 일어납니다.
빨리 일어나네요.
저는 아침식사 전에 운동을 합니다.

그럼, 학교 수업은 몇 시부터입니까?

수업은 9시에 시작됩니다.

집에서 학교까지는 어느 정도 시간이 걸립니까?
지하철로 30분 정도 걸립니다.

점심은 어디에서 먹습니까?
학교 식당에서 먹습니다.

학교는 몇 시경에 끝납니까?
오후 5시경에 끝납니다.

수업 후에 무엇을 합니까?
도서관에서 공부를 합니다.

일요일에는 어딘가에 갑니까?
아니요, 아무데도 가지 않습니다.
하루종일 집에서 쉽니다.

해 설

1. 動詞 ます形 活用

します —부정→ しません
↓과거　　　　↓과거
しました —부정→ しませんでした

例(れい)) 行きます ——→ 行きません
↓　　　　　　↓
行きました ——→ 行きませんでした

2. 助詞

● s～に(～에) : 시간・장소 모두에 사용한다.

① 朝　6時に　起きます。(아침 6시에 일어납니다.)

② 机の　上に　本が　あります。(책상 위에 책이 있습니다.)

● ～で(～에서) : 장소, (～으로) : 수단

① 家で　休みます。(집에서 쉽니다.)

② 地下鉄で　学校へ　行きます。(지하철로 학교에 갑니다.)

● ～から(～에서, ～부터) : 시간・장소의 기점이나 출발점

① 朝から　夜まで　勉強します。
(아침부터 밤까지 공부합니다.)

② 家から　学校まで　10分ぐらい　かかります。
(집에서 학교까지 30분 정도 걸립니다.)

● ～へ[え](～에, ～로) : 방향

① 学校へ　行きます。(학교에 갑니다.)

● 学校(がっこう)の施設(しせつ) 학교의 시설

1. 교문 : 校門(こうもん)
2. 교사 : 校舎(こうしゃ)
3. 안뜰 : 中庭(なかにわ)
4. 시계탑 : 時計台(とけいだい)
5. 도서관 : 図書館(としょかん)
6. 체육관 : 体育館(たいいくかん)
7. 교실 : 教室(きょうしつ)
8. 복도 : 廊下(ろうか)
9. 변소 : 便所(べんじょ)
10. 운동장 : 運動場(うんどうじょう)
11. 동아리방 : 部室(ぶしつ)
12. 기숙사 : 寄宿舎(きしゅくしゃ)、寮(りょう)
13. 강당 : 講堂(こうどう)
14. 식당 : 食堂(しょくどう)
15. 예배당 : 礼拝堂(れいはいどう)
16. 옥상 : 屋上(おくじょう)
17. 발코니 : バルコニー
18. 건물 사이 복도 : 渡(わた)り廊下(ろうか)
19. 수목 : 樹木(じゅもく)
20. 뒷문 : 裏門(うらもん)

• 教室(きょうしつ) 교실

1. 교단：教壇(きょうだん)
2. 칠판：黒板(こくばん)
3. 분필：チョーク
4. 칠판지우개：黒板消し(こくばんけ)
5. 스피커：スピーカー
6. 시간표：時間表(じかんひょう)
7. 책상：机(つくえ)
8. 의자：椅子(いす)
9. 교과서：教科書(きょうかしょ)
10. 필통：筆箱(ふでばこ)
11. 연필：鉛筆(えんぴつ)
12. 만년필：万年筆(まんねんひつ)
13. 지우개：消(け)しゴム
14. 노트：ノート
15. 자：定規(じょうぎ)
16. 컴퍼스：コンパス
17. 각도기：分度器(ぶんどき)
18. 가위：はさみ
19. 풀：糊(のり)
20. 칼：ナイフ

第15課　顔 얼굴

顔

顔には　口が　一つ、鼻が　一つ、
目が　二つ、耳が　二つ　あります。

私たちは　口で　何を　しますか。
食べ物を　食べます。
また、話も　します。

耳で　何を　しますか。
音や　声を　聞きます。

目で　何を　しますか。
いろいろな　ものを　見ます。

鼻で　何を　しますか。
呼吸を　します。

このほか、手や　足で　何を　しますか。
手で　字を　書き、ものを　持ちます。
足で　道を　歩きます。
頭では　考えを　します。

새로 나온 단어

- かお[kao] : 얼굴
- ききます[kikimasu] : 듣습니다
- くち[kuchi] : 입
- もの[mono] : 물건
- はな[hana] : 코
- みます[mimasu] : 봅시다
- め[me] : 눈
- こきゅう[kokyu :] : 호흡
- みみ[mimi] : 귀
- ほか[hoka] : ~외, ~밖에
- たち[tachi] : 들(복수)
- て[te] : 손
- なに[nani] : 무엇
- あし[asi] : 발, 다리
- たべもの[tabemono] : 음식
- たべます[tabemasu] : 먹습니다
- じ[ji] : 글씨
- かく[kaku] : 쓰다
- また[mata] : 또
- もちます[mochimasu] : 듭니다
- はなし[hanasi] : 말, 이야기
- みち[michi] : 길
- します[simasu] : 합니다
- あるきます[arukimasu] : 걷습니다
- おと[oto] : 소리
- あたま[atama] : 머리
- こえ[koe] : 목소리
- かんがえ[kanggae] : 생각

얼굴

얼굴에는 입이 하나, 코가 하나,
눈이 둘, 귀가 둘 있습니다.

우리들은 입으로 무엇을 합니까?
음식을 먹습니다.
또, 말도 합니다.

귀로 무엇을 합니까?
소리나 목소리를 듣습니다.

눈으로 무엇을 합니까?
여러 가지 물건을 봅니다.

코로 무엇을 합니까?
호흡을 합니다.

이 밖에 손이나 발로 무엇을 합니까?
손으로 글을 쓰고 물건을 듭니다.
다리로 길을 걷습니다.
머리로는 생각을 합니다.

문법공부

1. 조사 「で(으로)」는 체언에 붙어서 행동이나 작용 등을 나타내며, 「で(이며・이고)」와는 다르다.
「で(으로)」: 口で　話します。(입으로 말합니다.)
「で(이며・이고)」: これは　本で　それは　雑誌です。
(이것은 책이고 그것은 잡지입니다.)

2. 「たち」는 보통말이며, 「かた」는 높임말이다.
私たち(우리들), あなたがた(당신들)

3. 조사 「を」는 체언에 붙어서 목적을 나타내며, 「お(O)」로 발음해야 한다.

4. 조사 「に」의 작용
장소를 나타낼 때 「에」: ここに(여기에)
상대를 나타낼 때 「에게」: あなたに(당신에게)

5. 「には」는 「に(에게)」에 조사 「は」가 붙은 것
뜻 : ～에게는(에게+는=에게는)

6. 「にも」는 「に(에게)」에 조사 「も」가 붙은 것
뜻 : ～에게도(에게+도=에게도)

7. 일본어 동사 원형은 반드시 「う」단으로 끝난다
ある・みる・きく・はなす・かく 따위

• 동사 「あるく」의 활용형

あるかない(걷지 않는다) あるこう(걷자)	미연형	미래・추측・부정을 나타낸다
あるきます(걷습니다)	연용형	연결, 「ます」에 이어진다
あるく(걷다)	종지형	문장의 끝맺음. 원형과 같다
あるくとき(걸을 때)	연체형	체언에 연결, 「とき」에 이어진다

あるけば(걸으면)	가정형	조건을 가정한다
あるけ(걸어라)	명령형	명령의 뜻을 나타낸다

(모든 동사는 6가지 형으로 활용된다)

• 다음은 밑줄 친 부분이 동사이고 괄호 안의 것이 원형이다.

みます(みる)　ありま す(ある)　します(する)
ききます(きく)　たべます(たべる)　はなします(はなす)
もちます(もつ)　かきます(かく)　あるきます(あるく)

• 人体(じんたい)の各部(かくぶ) 인체의 각 부위

1. 머리 : 頭(あたま)
2. 목 : 首(くび)
3. 어깨 : 肩(かた)
4. 가슴 : 胸(むね)
5. 젖가슴 : 乳(ちち)
6. 팔 : 腕(うで)
7. 배 : お腹(なか)
8. 팔꿈치 : 肘(ひじ)
9. 허리 : 腰(こし)
10. 배꼽 : へそ
11. 손 : 手(て)
12. 손가락 : 指(ゆび)
13. 엉덩이 : お尻(しり)
14. 허벅지 : 太股(ふともも)
15. 다리 : 脚(あし)
16. 무릎 : 膝(ひざ)
17. 정강이 : 脛(すね)・臑(すね)
18. 발 : 足(あし)
19. 발바닥 : 足(あし)の裏(うら)
20. 발가락 : 足(あし)の指(ゆび)

• 顔(かお)の各部(かくぶ) 얼굴의 각 부위

1. 머리카락 : 髪(かみ)の毛(け)
2. 이마 : 額(ひたい)
3. 눈썹 : 眉(まゆ)
4. 눈꺼풀 : 瞼(まぶた)
5. 속눈썹 : 睫(まつげ)
6. 눈 : 目(め)
7. 흰자위 : 白目(しろめ)
8. 검은자위 : 黒目(くろめ)

9. 눈동자：瞳(ひとみ)

10. 귀：耳(みみ)

11. 귓불：耳(みみ)たぶ

12. 볼：頬(ほお)

13. 구레나룻：揉(も)み上(あ)げ

14. 코：鼻(はな)

15. 콧구멍：鼻(はな)の穴(あな)

16. 수염：髭(ひげ)

17. 입：口(くち)

18. 입술：唇(くちびる)

19. 이(치아)：歯(は)

20. 턱：顎(あご)

• 人(ひと)の表情(ひょうじょう)と生理現象(せいりげんしょう) 사람의 표정과 생리현상

1. 웃다：笑(わら)う
2. 폭소하다：爆笑(ばくしょう)する
3. 미소 짓다：微笑(ほほえ)む
4. 울다：泣(な)く
5. 대성통곡하다：号泣(ごうきゅう)する
6. 울상을 짓다：べそをかく
7. 화내다：怒(おこ)る
8. 생각하다：考(かんが)える
9. 기뻐하다：喜(よろこ)ぶ
10. 무서워하다：怖(こわ)がる・恐(こわ)がる
11. 떨다：震(ふる)える
12. 더워하다：暑(あつ)がる
13. 추워하다：寒(さむ)がる
14. 먹다：食(た)べる
15. 마시다：飲(の)む
16. 자다：寝(ね)る・眠(ねむ)る
17. 토하다：吐(は)く
18. 땀 흘리다：汗(あせ)をかく
19. 소변을 보다：排尿(はいにょう)する
20. 대변을 보다：排便(はいべん)する

• 風邪(かぜ)・体(からだ) 감기와 몸

具合(ぐあ)いが 悪(わる)い 몸이 아프다	風(かぜ)を 引(ひ)いた 감기에 걸렸다	熱(ねつ)が ある 열이 있다
食欲(しょくよく)が ない 식욕이 없다	気持(きも)ちが 悪(わる)い 기분이 나쁘다	下痢(げり)を する 설사가 나다

怪我(けが)を　した 다쳤다	目眩(めまい)が　する 현기증이 나다	疲(つか)れた 피곤하다

病院(びょういん)に　行(い)く 병원에 가다	救急車(きゅうきゅうしゃ)を　呼(よ)んで　ください 구급차를 불러 주세요

咳(せき) 기침	吐(は)き気(け) 구역질	だるい 나른하다	暑(あつ)い 덥다
虫(むし)に刺(さ)された 벌레에 물렸다	かゆい 가렵다	発疹(はっしん) 발진	寒(さむ)い 춥다
火傷(やけど) 화상	貧血(ひんけつ) 빈혈	耳鳴(みみな)り 귀울림	出血(しゅっけつ) 출혈

もう　薬(くすり)を　飲(の)みましたか？ 약 먹었습니까?	もう　飲(の)みました 먹었습니다
	まだです 아직입니다
薬(くすり)を　買(か)ってきて　ください 약을 사다 주세요	薬(くすり)を　買(か)ってきて　あげる 약을 사다 드리겠습니다

～が　痛(いた)い ～이/가 아프다	ずきずきする 욱신거리다	しびれる 얼얼하다
	ひりひりする 따갑다	うずく 쑤시다

● 体(からだ) 몸

首(くび) 목	肩(かた) 어깨	胸(むね) 가슴	乳(ちち) 젖가슴
背(せ) 등	腕(うで) 팔	肘(ひじ) 팔꿈치	手(て) 손
掌(てのひら) 손바닥	指(ゆび) 손가락	爪(つめ) 손톱	腰(こし) 허리

尻(しり) 엉덩이	太股(ふともも) 허벅지	脚(あし) 다리	膝(ひざ) 무릎
足(あし) 발	足(あし)の裏(うら) 발바닥	足(あし)の爪(つめ) 발톱	足(あし)の指(ゆび) 발가락

• 顔(かお) 얼굴

頭(あたま) 머리	額(ひたい) 이마	眉(まゆ) 눈썹	瞼(まぶた) 눈꺼풀
目(め) 눈	耳(みみ) 귀	鼻(はな) 코	口(くち) 입
歯(は) 이	舌(した) 혀	髪(かみ) 머리카락	頬(ほお) 볼

• 風邪(かぜ)・体(からだ) 감기와 몸

具合(ぐあ)いが　悪(わる)い 몸이 아프다	心配(しんぱい)　要(い)りません 걱정하시지 않아도 됩니다	必(かなら)ず　治(なお)ります 꼭 나을 겁니다

注射(ちゅうしゃ) 주사	点滴(てんてき) 링거	入院(にゅういん) 입원	手術(しゅじゅつ) 수술	検査(けんさ) 검사

ただの風邪(かぜ) 단순한 감기	お腹(なか)を　壊(こわ)す 배탈이 나다	インフルエンザ 인플루엔자	過労(かろう)による病気(びょうき) 몸살
食(た)べすぎ 과식	盲腸(もうちょう) 맹장	潰瘍(かいよう) 궤양	蕁麻疹(じんましん) 두드러기
喘息(ぜんそく) 천식	発作(ほっさ) 발작	便秘(べんぴ) 변비	異常(いじょう)なし 이상 없음

アレルギー体質(たいしつ) 알레르기 체질	妊娠(にんしん)して　います 임신 중입니다	保険(ほけん)に入(はい)っています 보험에 들어 있습니다

血液型(けつえきがた) 혈액형	喉(のど) 목	心臓(しんぞう) 심장	肺(はい) 폐
胃(い) 위	腸(ちょう) 장	肝臓(かんぞう) 간장	腎臓(じんぞう) 신장
盲腸(もうちょう) 맹장	膀胱(ぼうこう) 방광	骨(ほね) 뼈	筋肉(きんにく) 근육

帰(かえ)って　いいです 돌아가셔도 됩니다	どのくらいで　治(なお)りますか？ 낫는데 얼마나 걸립니까?
とりあえず　寝(ね)て 様子(ようす)を　見(み)ます 일단 쉬면서 경과를 보겠습니다	旅行(りょこう)を　つづけられますか？ 여행을 계속할 수 있습니까?
診断書(しんだんしょ)を　ください 진단서를 주세요	いくらですか？ 얼마입니까?

薬(くすり) 약	風邪(かぜ) 감기	胃腸(いちょう) 위장	～酔(よ)い ～멀미
	頭痛(ずつう) 두통	解熱剤(げねつざい) 해열제	抗生物質(こうせいぶっしつ) 항생물질

一日(いちにち)　O回(かい) 하루 O번	食後(しょくご)　O錠(じょう) 식후 O알

～を　検査(けんさ)します ～을 검사하겠습니다	→	血(ち) 피	便(べん) 대변	尿(にょう) 소변

第16課 これをください 이것을 주십시오

これをください

1. これにします。/では、結構です（要りません）。
2. また来ます。
3. いくらですか？/全部でいくらですか？
4. 日本まで送ってもらえますか？
5. カードは使えますか？
6. 数が足りません。/少ないです。
7. これを包んでください。/贈り物です。
8. 高いいです。/安いものはありませんか？
9. これが一番人気のある商品です。

새로 나온 단어

- けっこうです：됐습니다
- 要る：필요하다
- いくら：얼마
- 全部：전부
- 送る：보내다
- ～てもらう：～해 주다
- カード：카드
- 使う：쓰다, 사용하다
- 数：수, 개수
- 足りる：충분하다
- 少ない：적다
- 包む：싸다, 포장하다
- ください：주세요
- 贈り物：선물
- 高い：비싸다, 높다
- 安い：싸다
- 一番：가장, 제일
- 人気：인기
- 商品：상품

이것을 주십시오

1. 이걸로 할게요./그럼 됐어요.
2. 또 올게요.
3. 얼마예요?/전부 해서 얼마죠?
4. 일본까지 보내 주실 수 있나요?
5. 카드 됩니까?
6. 수가 부족합니다./적습니다.
7. 이거 포장해 주세요./선물입니다.
8. 비쌉니다./싼 건 없습니까?
9. 이게 가장 인기 있는 상품입니다.

第17課 お客様のお呼び出し 손님의 호출

お客様のお呼び出し

W：はい、コーヒー・ショップでございます。
C：前田さんを呼んでもらえませんか。
W：そのままでお待ちください。。ただ今お探しいたします。
C：お願いします。

……………………………

W：失礼ですが、前田様ではないでしょうか。
G：そうですが。
W：お電話が入っております。
G：わかりました。どこですか。
W：ご案内いたします。どうぞ、こちらへ。
G：どうも。

*　　　　*　　　　*

W：お待たせいたしました。 前田様をお呼び出ししましたが、
　ご返事がございません。いかがなさいますか。
C：では、メッセージを残してくれませんか。
W：かしこまりました。
　お客様のお名前と電話番号をお願いします。
C：石原です。電話番号は756－5481です。
W：はい。石原様で、電話番号は756－6481ですね。
C：はい、そうです。
W：ありがとうございました。
　前田様へそのようにお伝えいたします。
C：お願いいいします。

새로 나온 단어

- 呼び出し：호출
- コーヒー·ショップ(coffee Shop)：커피숍
  ⇒ 喫茶店
- 前田：마에다(일본 성씨)
- 呼ぶ：부르다, 외치다
- もらう：받다, 얻다
- そのまま：그대로
  「その(그)＋まま(대로)」의 형태
- 探す：찾다
- 失礼：실례
- 入る：들다, 들어가다, 들어오다
- 返事：대답, 회답
- なさる：하시다
- メッセージ(message)：메시지
- 残す：남기다, 남겨두다
- ～てくれる：～해 주다
- 石原：이시하라(일본인 성씨)
- そのように：그렇게
- 伝える：전하다, 알리다
- あいにく：공교롭게도
- 留守：부재 중
- どのような：어떤, 어떠한
- 内容：내용
- すぐに：곧, 바로
- 回す：돌리다, 회전하다

손님의 호출

W：네, 커피숍입니다.
C：마에다씨를 불러 주시겠습니까?
W：그대로 기다려 주십시오. 지금 찾아보겠습니다.
C：부탁합니다.

……………………………

W：실례합니다만, 마에다씨 아니십니까?
G：그렇습니다만.
W：전화가 와 있습니다.
G：알겠습니다. 어디입니까?
W：안내해 드리겠습니다. 이쪽으로 오십시오.
G：감사합니다.

*　　　　*　　　　*

W：오래 기다리셨습니다. 마에다씨를 호출했습니다만,
응답이 없습니다. 어떻게 하시겠습니까?
C：그럼, 메시지를 전해 주지 않겠습니까?

W：알겠습니다. 손님의 성함과 전화번호를 알려주시겠습니까?
C：이시하라입니다. 전화번호는 756－6481입니다.
W：네. 이시하라씨이고, 전화번호는 756－6481이시군요.
C：네, 그렇습니다.
W：감사합니다. 마에다씨께 그렇게 전해 드리겠습니다.
C：부탁합니다.

문 형

① あいにく　お留守でございます。

② どのような　内容ですか。

③ すぐに　お伝えいたします。

④ メッセージを　お願いします。

⑤ この電話を　そちらへ　回してもらえますか。

① 공교롭게도 부재 중이십니다.
② 어떤 내용이십니까?
③ 바로 전해 드리겠습니다.
④ 메시지를 부탁합니다.
⑤ 이 전화를 그쪽으로 돌려 주시겠습니까?

문 법

●「まま」

어떤 상태가 변화하지 않는 모양을 나타내는 말로, 「～대로, ～채」로 풀이되며, 또한 「その(그)」에 「～まま ～대로」가 연결되어, 「그대로」의 뜻이 된다.

●「失礼ですが」

우리말의 「실례합니다만」에만 해당하는 말이며, 다른 사람에게 무언가를 불어볼 때 쓰는 말이다.

●「わかりました」

「わかる」는 「알다, 이해하다」의 뜻으로, 「わかりました」는 어떤 설명에 대해 「알겠습니다」라고 대답할 때 쓰인다.

●「～てくれる」

「동사의 연용형＋て」를 받아서 「～해 주다」라는 뜻이다. 여기서 「～てくれませんか(～해 주지 않겠습니까?)」는 부정 의문문이다.

第18課 好きです・嫌いです 좋아합니다 · 싫어합니다

感想・感情を表す

好きです。/嫌いです。

① おいしいです。/おいしくないです。

② 賛成です。/反対です。

③ 面白いです。/面白くないです。

④ 嬉しいです。/悲しいです。

⑤ やさしいです。/難しいです。

⑥ 良いです。/悪いです。

⑦ きれい(清潔)です。/汚いです。

⑧ 楽しいです。/楽しくないです。

새로 나온 단어

- 好き：좋아하다
- 嫌い：싫다, 싫어하다
- おいしい：맛있다
- 賛成：찬성
- 反対：반대
- 面白い：재미있다
- 嬉しい：기쁘다
- 悲しい：슬프다
- やさしい：쉽다
- 難しい：어렵다
- 良い：좋다
- 悪い：나쁘다
- きれい：깨끗하다, 예쁘다
- 清潔：청결
- 汚い：더럽다
- 楽しい：즐겁다

감상 · 감정을 표현하다

좋아합니다/싫어합니다

① 맛있습니다/맛이 없습니다

② 찬성입니다/반대입니다

③ 재미있습니다/재미없습니다

④ 기쁩니다/슬픕니다

⑤ 쉽습니다/어렵습니다

⑥ 좋습니다/나쁩니다

⑦ 깨끗합니다/더럽습니다

⑧ 즐겁습니다/즐겁지 않습니다

第19課　何曜日(なんようび)ですか　무슨 요일입니까

一週間(いっしゅうかん)

一週間(いっしゅうかん)は　七日(なのか)です。
はじめの　日(ひ)は　日曜日(にちようび)です。
二番目(にばんめ)の　日(ひ)は　月曜日(げつようび)です。
三番目(さんばんめ)の　日(ひ)は　火曜日(かようび)です。
まん中(なか)の　日(ひ)は　水曜日(すいようび)で、
その　次(つぎ)の　日(ひ)は　木曜日(もくようび)です。
六番目(ろくばんめ)の　日(ひ)は　金曜日(きんようび)で、
おわりの　日(ひ)は　土曜日(どようび)です。

金曜日(きんようび)は　木曜日(もくようび)の　前(まえ)ですか、後(あと)ですか。
きょうは　何曜日(なんようび)ですか。
きのうは　何曜日(なんようび)でしたか。
おとといは　何曜日(なんようび)でしたか。
あしたは　月曜日(げつようび)です。
あさっては　何曜日(なんようび)に　なりますか。

日曜日(にちようび)は　休(やす)みの　日(ひ)だから、
生徒(せいと)は　学校(がっこう)へ　行(い)きません。
私(わたし)は　日曜日(にちようび)は　大(たい)てい　遊(あそ)びます。
しかし、月曜日(げつようび)から　土曜日(どようび)までは
いっしょうけんめいに　勉強(べんきょう)します。

새로 나온 단어

- いっしゅうかん[issyu：kang]：일주일
- はじめ[hajime]：처음, 첫
- ひ[hi]：날, 해
- にちようび[nichiyo：bi]：일요일
- にばんめ[nibamme]：두 번째
- げつようび[getsuyo：bi]：월요일
- さんばんめ[sambamme]：세 번째
- かようび[kayo：bi]：화요일
- まんなか[mannaka]：한가운데
- すいようび[suiyo：bi]：수요일
- もくようび[mokuyo：bi]：목요일
- ろくばんめ[rokubamme]：여섯 번째
- きんようび[kinyo：bi]：금요일
- おわり[owari]：끝, 마지막
- どようび[doyo：bi]：토요일
- あと[ato]：뒤, 후, 다음
- きょう[kyo：]：오늘
- きのう[kino：]：어제
- おととい[ototoi]：그제
- あした[asita]：내일
- あさって[asatte]：모레
- だから[dakara]：~이기 때문에
- せいと[seito]：학생
- がっこう[gakko：]：학교
- あそぶ[asobu]：놀다
- しかし[sikasi]：그러나
- いっしょうけんめい[issyo：kemmei]：열심히
- べんきょう[bengkyo：]：공부

일주일

일주일은 7일입니다.
첫째 날은 일요일입니다.
두 번째 날은 월요일이고,
세 번째 날은 화요일입니다.
한가운데 날은 수요일이고,
그 다음 날은 목요일입니다.
여섯 번째 날은 금요일이고,
마지막 날은 토요일입니다.

금요일은 목요일의 앞입니까, 뒤입니까?
오늘은 무슨 요일입니까?
어제는 무슨 요일이었습니까?
그제는 무슨 요일이었습니까?

내일은 월요일입니다.
모레는 무슨 요일이 됩니까?

일요일은 휴일이기 때문에
학생은 학교에 가지 않습니다.
나는 일요일에는 대개 놉니다.
그러나 월요일부터 토요일까지는
열심히 공부합니다.

• 달력 & 요일

몇 월 며칠이에요?

Q：今日(きょう)は　何月何日(なんがつなんにち)ですか。

A：1月(いちがつ)　7日(なのか)です。

一昨日(おととい) 그제	昨日(きのう) 어제	今日(きょう) 오늘	明日(あした) 내일	明後日(あさって) 모레	先々週(せんせんしゅう) 지지난주
先週(せんしゅう) 지난주	今週(こんしゅう) 이번주	来週(らいしゅう) 다음주	再来週(さらいしゅう) 다다음주	先月(せんげつ) 지난달	今月(こんげつ) 이번달
来月(らいげつ) 다음달	再来月(さらいげつ) 다다음달	一昨年(おととし) 재작년	去年(きょねん) 작년	今年(ことし) 올해	来年(らいねん) 내년

月曜日(げつようび) 월요일	火曜日(かようび) 화요일	水曜日(すいようび) 수요일	木曜日(もくようび) 목요일
金曜日(きんようび) 금요일	土曜日(どようび) 토요일	日曜日(にちようび) 일요일	

一月(いちがつ) 1월	二月(にがつ) 2월	三月(さんがつ) 3월	四月(しがつ) 4월
十二月(じゅうにがつ) 12월	冬(ふゆ) **겨울**	春(はる) **봄**	五月(ごがつ) 5월

じゅういちがつ 十一月 11월	あき 秋 **가을**	なつ 夏 **여름**	ろくがつ 六月 6월
じゅうがつ 十月 10월	くがつ 九月 9월	はちがつ 八月 8월	しちがつ 七月 7월

● 날짜

1日 ついたち 1일	2日 ふつか 2일	3日 みっか 3일	4日 よっか 4일
5日 いつか 5일	6日 むいか 6일	7日 なのか 7일	8日 ようか 8일
9日 ここのか 9일	10日 とおか 10일	11日 じゅういちにち 11일	12日 じゅうににち 12일
13日 じゅうさんにち 13일	14日 じゅうよっか 14일	15日 じゅうごにち 15일	16日 じゅうろくにち 16일
17日 じゅうしちにち 17일	18日 じゅうはちにち 18일	19日 じゅうくにち 19일	20日 はつか 20일
21日 にじゅういちにち 21일	22日 にじゅうににち 22일	23日 にじゅうさんにち 23일	24日 にじゅうよっか 24일
25日 にじゅうごにち 25일	26日 にじゅうろくにち 26일	27日 にじゅうしちにち 27일	28日 にじゅうはちにち 28일
29日 にじゅうくにち 29일	30日 さんじゅうにち 30일	31日 さんじゅういちにち 31일	

第20課　きのう何(なに)をしましたか

어제 무엇을 하셨습니까

きのう　何(なに)を　しましたか

山田(やまだ)さんは　きのう　何(なに)を　しましたか。
私(わたし)は　きのう　南山(ナムサン)に　登(のぼ)りました。

南山(ナムサン)には　よく　登(のぼ)りますか。
はい、天気(てんき)の　良(よ)い　休(やす)みの日(ひ)に　時々(ときどき)　行(い)きます。
私(わたし)は　友達(ともだち)と　一緒(いっしょ)に　歩(ある)きながら　話(はな)し合(あ)うのが　好(す)きです。
今度(こんど)の　日曜(にちよう)には　金(キム)さんも　一緒(いっしょ)に　登(のぼ)りませんか。
はい、ありがとうございます。

では、どこで　会(あ)いましょうか。
中央図書館(ちゅうおうとしょかん)の　前(まえ)で、10時(じ)に　会(あ)いましょうか。
はい、そうしましょう。

きのうは　南山(ナムサン)タワーや　植物園(しょくぶつえん)　行(い)きましたか。
いいえ、そこには　行(い)きませんでした。

私(わたし)たちは　山(やま)の　頂上(ちょうじょう)で　ソウル市内(しない)の　景色(けしき)を　眺(なが)めました。
それから　何枚(なんまい)か　写真(しゃしん)も　撮(と)りました。

今度(こんど)の　日曜(にちよう)は　南山(ナムサン)タワーと　植物園(しょくぶつえん)に　行(い)きましょう。
はい、そうしましょう。

문 형

- 私は　きのう　南山に　登りました。
- では、どこで　会いましょうか。
- そこには　行きませんでした。

새로 나온 단어

- 山田さん：야마다씨
- 南山：남산
- きのう：어제
- する：하다
- 登る：5 올라가다
- 天気：날씨
- 休み：휴일, 휴가
- 一緒に：함께, 같이
- 時々：때때로
- 歩く：걷다
- ～ながら：～하면서
- 良い：좋다, 좋은
- 話し合う：5 대화하다
- 好きだ：좋아하다
- 今度：이번에
- 中央：중앙
- 図書館：도서관
- 会う：5 만나다
- ～ましょうか：～할까요?
- ～ましょう：～합시다
- そう：그렇게
- タワー：타워
- 植物園：식물원
- ～にも：～에도
- ～たち：～들(복수)
- 山：산
- 頂上：정상
- 市内：시내
- 景色：경치
- 眺める：하1 바라보다
- それから：그리고 나서
- 何枚：몇 장
- 写真：사진
- 撮る：5 찍다

어제는 무엇을 하셨습니까

야마다씨는 어제 무엇을 하셨습니까?
저는 어제 남산에 올라갔습니다.

남산에는 자주 올라갑니까?
네, 날씨가 좋은 휴일에는 때때로 올라갑니다.
저는 친구와 함께 걸으며 대화하는 것을 좋아합니다.
이번 일요일에는 김씨도 함께 올라가지 않겠습니까?
네, 감사합니다.

그럼 어디에서 만날까요?
중앙도서관 앞에서 10시에 만납시다.
네, 그렇게 합시다.

어제는 남산타워나 식물원에도 갔습니까?
아니요, 거기에는 가지 않았습니다.

저희는 산 정상에서 서울 시내 풍경을 보았습니다.
그리고 나서 사진을 몇 장 찍었습니다.

이번 일요일에는 남산타워와 식물원에 갑시다.
네, 그렇게 합시다.

第21課 街を歩きます 거리를 걷습니다

街を歩く

どこに　行きますか。
本屋に　行きます。

デパートは　どこですか。
駅の　向こう側です。
ここは　どこですか。
ここは　博物館です。

ここから　駅まで　遠いですか。
いいえ、それほど　遠くないです。

ソウル行きの　切符は　どこで　買えますか。
切符売り場で　買えます。

プサン行きの　切符は　ありますか。/あります。
1枚　いくらですか。/2,500円です。
2枚　ください。/5,000円です。
プサンまで　どのくらい　時間が　かかりますか。
3時間　かかります。

プサン行きの　バスは　どこから　出ますか。
4番ホームから　出ます。

次(つぎ)のバスは　何時(なんじ)ですか。/6時(じ)35分(ふん)です。

プサンは　まだですか。/まだです。

プサンに　着(つ)いたら　教(おし)えて　ください。

문 형

- どこに　行(い)きますか。
- ～に　行(い)きたいです。
- ～へ　行(い)きます。
- ～は　どこですか。
- どのくらい　時間(じかん)が　かかりますか。
- 次(つぎ)の　バスは　何時(なんじ)ですか。
- ～行(ゆ)きの　バスは　どこから　出(で)ますか。
- ここは　どこですか。
- ～は　まだですか。
- 一人(ひとり)で　行(い)けます。

새로 나온 단어

- 街(まち)：거리, 시내
- 歩(ある)く：걷다
- 本屋(ほんや)：서점
- デパート：백화점
- 駅(えき)：역
- 向(む)こう側(がわ)：건너편
- 博物館(はくぶつかん)：박물관
- それほど：그만큼, 그다지
- 遠(とお)い：멀다
- ～行(ゆ)き：～행
- 切符(きっぷ)：표, 티켓
- 買(か)う：사다
- 買(か)える：살 수 있다
- 切符売(きっぷう)り場(ば)：매표소
- 枚(まい)：～장
- 着(つ)く：도착하다
- ホーム：홈

거리를 걷다

어디에 갑니까?
서점에 갑니다.

백화점은 어디입니까?
역 건너편입니다.

여기는 어디입니까?
여기는 박물관입니다.

여기에서 역까지 멉니까?
아니요, 그렇게 멀지 않습니다.

서울행 표는 어디서 살 수 있습니까?
매표소에서 살 수 있습니다.

부산행 표는 있습니까?/있습니다.
한 장에 얼마입니까?/2,500엔입니다.
두 장 주세요./5,000엔입니다.
부산까지 어느 정도 시간이 걸립니까?
3시간 걸립니다.

부산행 버스는 어디에서 출발합니까?
4번 홈에서 출발합니다.
다음 버스는 몇 시에 출발합니까? 6시 35분입니다.

부산은 아직입니까?/아직입니다.
부산에 도착하면 가르쳐 주세요.

色々(いろいろ)な 場所(ばしょ) 다양한 장소

1. 食堂(しょくどう)：식당
2. 喫茶店(きっさてん)：커피숍
3. カフェ：카페
4. 市場(いちば)：시장
5. 銀行(ぎんこう)：은행
6. 郵便局(ゆうびんきょく)：우체국
7. デパート：백화점
8. 本屋(ほんや)：서점
9. ホテル：호텔
10. 博物館(はくぶつかん)：박물관
11. 競技場(きょうぎじょう)：경기장
12. 銭湯(せんとう)：공중 목욕탕
13. 温泉(おんせん)：온천
14. 駅(えき)：역
15. バスターミナル：버스 터미널
16. バス亭(てい)：버스 정류장
17. 空港(くうこう)：공항
18. 港(みなと)：항구
19. 病院(びょういん)：병원
20. 美容院(びよういん)：미용실
21. 警察(けいさつ)：경찰
22. コンビニ：편의점
23. トイレ：화장실

位置(いち) 위치

1. 向(む)こう側(がわ)：건너편
2. こちら側(がわ)：이쪽
3. ここ：여기
4. そこ：거기
5. あそこ：저기
6. まっすぐ：똑바로
7. 戻(もど)る：돌아오다
8. 山(やま)：산
9. 海(うみ)：바다
10. 川(かわ)：강
11. 島(しま)：섬
12. ～から：～에서
13. ～まで：～까지

方向(ほうこう) 방향

1. 前(まえ)：앞
2. 後(うし)ろ：뒤

3. 横(よこ)：옆

4. 上(うえ)：위

5. 下(した)：아래

6. 左(ひだり)：왼쪽

7. 右(みぎ)：오른쪽

8. 北(きた)：북쪽

9. 南(みなみ)：남쪽

10. 東(ひがし)：동쪽

11. 西(にし)：서쪽

● 乗(の)り物(もの) 탈것

1. 汽車(きしゃ)：기차
2. 電車(でんしゃ)：전차
3. バス：버스
4. 高速(こうそく)バス：고속버스
5. 夜行(やこう)バス：야간버스
6. 新幹線(しんかんせん)：신칸센
7. タクシー：택시
8. 地下鉄(ちかてつ)：지하철
9. 船(ふね)：배
10. 飛行機(ひこうき)：비행기
11. 切符(きっぷ)：표
12. 切符(きっぷ)売(う)り場(ば)：매표소
13. バスカード：버스 카드
14. 定期券(ていきけん)：정기권
15. 回数券(かいすうけん)：회수권
16. 乗車券(じょうしゃけん)：승차권
17. 前売(まえう)り：예매
18. 売(う)り切(き)れ：매진
19. 乗(の)り換(か)え：환승
20. 立(た)ち席(せき)：입석
21. キャンセル：취소
22. メーター：미터기
23. 乗車(じょうしゃ)：승차
24. 降車(こうしゃ)：하차
25. 乗(の)る：타다
26. 降(お)りる：내리다
27. 相乗(あいの)り：합승

第22課 人が大勢います 사람이 많이 있습니다

人が　大勢います 1

朴　：民族村です。
小林：いやあ・・・、人が　大勢　いますね。
朴　：今日は　土曜日ですから・・・。
吉田：そうですね。
　　　小林さん、ここで　写真は　どうですか。
小林：はい、いいですね。
　　　朴さん、すみませんが　お願いします。
朴　：はい、いいですよ。
　　　小林・吉田：どうも。

小林：あそこに　大きい　池が　ありますね。
吉田：本当ですね。行ってみても　いいですか。
　　　朴：はい、いいですよ。いっしょに　行きましょうか。

吉田：立派な　池ですね。
小林：池の　中に　魚が　いますね。何の　魚ですか。
朴　：大(おお)きい　魚は　鯉です。小さい　魚は　金魚です。

새로 나온 단어

- 民族村：민속촌
- 人：사람
- 大勢：많이
- 池：연못
- 本当：정말, 진짜
- 立派：훌륭한, 멋진

- 魚(さかな)：물고기, 생선
- 鯉(こい)：잉어
- 金魚(きんぎょ)：금붕어
- います：(사람, 동물) 있습니다
- ～ですから：～이기 때문에
- ～は　どうですか：～은(는) 어떻습니까
- ～てみても　いいですか：～(해)봐도 괜찮습니까

사람이 많이 있습니다 1

박　　　　：민속촌입니다.
코바야시　：이야, 사람이 많이 있군요.
박　　　　：오늘은 토요일이니까요….
요시다　　：그렇군요.
　　　　　　코바야시씨, 여기서 사진은 어떻습니까?
코바야시　：네, 좋군요.
　　　　　　박씨, 죄송하지만 부탁드립니다.
박　　　　：네, 좋습니다.
　　　　　　코바야시, 요시다 : 고맙습니다.

코바야시　：저기에 큰 연못이 있군요.
요시다　　：정말이네요. 가 봐도 괜찮습니까?
박　　　　：네, 괜찮습니다. 같이 갑시다.

요시다　　：멋진 연못이군요.
코바야시　：연못 안에 물고기가 있군요. 무슨 물고기입니까?
박　　　　：큰 물고기는 잉어입니다.
　　　　　　작은 물고기는 금붕어입니다.

人(ひと)が 大勢(おおぜい)います 2

あの　庭(にわ)に　人(ひと)が　います。
何人(なんにん)　いますか。

ひとり、ふたり、三人(さんにん)、四人(よにん)、五人(ごにん)、六人(ろくにん)、
七人(ななにん)、八人(はちにん)、九人(きゅうにん)、十人(じゅうにん)、十一人(じゅういちにん)、
十一人(じゅういちにん)　います。

みんな　女(おんな)の人(ひと)ですか。
いいえ、男(おとこ)の人(ひと)も　います。
みんな　子供(こども)ですか。
いいえ、大人(おとな)も　います。

男(おとこ)の人(ひと)は　何人(なんにん)　いますか。
五人(ごにん)　います。
女(おんな)の人(ひと)と　子供(こども)は　三人(さんにん)ずつ　います。
あかんぼうも　いますか。
いいえ、あかんぼうは　いません。
子供達(こどもたち)は　たいがい　四(よっ)つから　九(ここの)つぐらいです。
大人(おとな)は　みんな　若(わか)い　人(ひと)ですか。
いいえ、お年(とし)よりも　います。

새로 나온 단어

- にわ[niwa]：마당, 정원
- おとな[otona]：어른
- ひとり[hitori]：한 명
- ずつ[zutsu]：~씩
- ふたり[hutari]：두 명
- あかんぼう[akambo：]：갓난아기
- みんな[minna]：모두
- たち[tachi]：···들(복수)
- おんな[onna]：여자
- たいがい[taigai]：대개
- おとこ[otoko]：남자
- よっつ[yottsu]：넷
- こども[kodomo]：어린이
- ここのつ[kokonotsu]：아홉
- わかい[wakai]：젊다, 젊은
- おとしより[otosiyori]：노인

사람이 많이 있습니다 2

저 마당에 사람이 있습니다.
몇 명 있습니까?
한 명, 두 명, 세 명, 네 명, 다섯 명, 여섯 명,
일곱 명, 여덟 명, 아홉 명, 열 명, 열한 명,
열한 명 있습니다.

모두 여자입니까?
아니요, 남자도 있습니다.
모두 어린이입니까?
아니요, 어른도 있습니다.

남자는 몇 명 있습니까?
다섯 명 있습니다.
여자와 어린이는 세 명씩 있습니다.
갓난아기도 있습니까?
아니요, 갓난아기는 없습니다.
어린이들은 대개 네 살에서 아홉 살 정도입니다.

문법공부

1. 수 세기에 있어서 낱개를 셀 때는
   ひとつ、ふたつ、みっつ、よっつ、いつつ、むっつ、ななつ、やっつ、ここのつ、とお라고 센다.
   사람을 셀 때는 숫자에 「にん」을 붙인다. 단, 한 명은 「ひとり」, 두 명은 「ふたり」로 센다.

2. 「いる」와 「ある」는 모두 「있다」라는 뜻이다. 「いる」는 사람이나 동물의 경우에 쓰고, 「ある」는 식물과 무생물에 쓴다. 단, 보통 「있음」을 말하지 않고 「유무」를 말할 때에는 「ある」를 쓴다.
   「いる」：人が　います。(사람이 있습니다.)
   「ある」：こっきが　あります。(국기가 있습니다.)

ボールペンが　あります。(볼펜이 있습니다.)
「ある」：おとうとが　ありますか。(남동생이 있습니까?)
ははが　ありますか。(어머니가 있습니까?)

3. 아래 단어는 비슷한 뜻이지만 다음과 같이 구분하여 쓴다.

男	(사내, 머슴애)	女	(계집)
男の人	(남자)	女の人	(여자)
男の方	(남자분)	女の方	(여자분)

4. 여기에 나오는 「か」도 부조사(副助詞)인데, 양자택일의 경우에 쓴다.
① 八つか　九つぐらい。(여덟 살이나 아홉 살 정도)
② 賛成か　反対か　はっきり　しなさい。
(찬성인지 반대인지 분명히 하세요.)

5. 조사(助詞)의 용법을 정확히 알아두지 못하면, 일본어의 해석과 회화에 매우 어려움을 느끼게 되므로 이 점에 주의해야 한다.

6. 사람의 나이는 「歳」를 쓰거나, 약자인 「才」를 사용한다.
60歳(60세), 15才(15세)

7. 사물을 셀 때의 단위
① 과일・계란・시계 같은 작은 물건(こ)
いっこ、にこ、さんこ、よんこ、ごこ、ろっこ、ななこ、
はっこ、きゅうこ、じゅっこ。
② 책・노트・사전 같은 책자의 형태를 가진 물건(さつ)
いっさつ、にさつ、さんさつ、よんさつ、ごさつ、ろくさつ、
ななさつ、はっさつ、きゅうさつ、じゅっさつ(じっさつ)。
③ 곤충・물고기・작은 동물(ひき・びき・ぴき)
いっぴき、にひき、さんびき、よんひき(よんびき)、ごひき、
ろっぴき、ななひき、はっぴき、きゅうひき、じゅっぴき
(じっぴき)。
④ 소・말・코끼리 등 큰 동물(とう)
いっとう、にとう、さんとう、よんとう、ごとう、ろくとう、
ななとう、はっとう、きゅうとう、じゅっとう(じっとう)。

第23課 おいしいですね 맛있군요

おいしいですね

小林(こばやし)：これは　おいしいですね。

吉田(よしだ)：ええ、とても　おいしいですね。

朴(パク)　：キムチ鍋(なべ)は　どうですか。

小林(こばやし)：キムチ鍋(なべ)ですか。からいですか。

朴(パク)　：はい、少(すこ)し　からいです。

小林(こばやし)：そうですか。吉田(よしだ)さん、いいですか。

吉田(よしだ)：ええ、いいですよ。

小林(こばやし)：おお、この鍋(なべ)も　とても　おいしいですね。

吉田(よしだ)：ええ、そうですね。

새로 나온 단어

- おいしい：맛있다
- どうですか：어떻습니까
- キムチ：김치
- 鍋(なべ)：전골
- からい：맵다
- 少(すこ)し：조금
- とても：매우, 아주

맛있군요

코바야시 : 이것은 맛있군요.

요시다 : 네, 매우 맛있군요.

박 : 김치전골은 어떻습니까?

코바야시 : 김치전골입니까? 맵습니까?

박　　　: 네, 조금 맵습니다.
코바야시 : 그렇습니까. 요시다씨, 괜찮습니까?
요시다　 : 네, 괜찮습니다.
코바야시 : 오오, 이 전골도 매우 맛있군요.
요시다　 : 네, 그렇네요.

문법공부

からいですか。/ とても　おいしいですね。

からい(맵다)와 おいしい(맛있다)는 い형용사이며, 정중형 표현은 형용사 기본형에 긍정이면 です(입니다)를, 의문이면 ですか(입니까?)를 붙인다.

여러 가지 い형용사			
おいしい	맛있다	まずい	맛없다
からい	맵다	あまい	달다
さむい	춥다	あつい	덥다
たかい	비싸다	やすい	싸다
ちかい	가깝다	とおい	멀다
ひろい	넓다	せまい	좁다
はやい	빠르다	おそい	느리다
しろい	희다	くろい	검다
あかい	붉다	あおい	파랗다
おもしろい	재미있다	つまらない	재미없다

第24課 何(なに)を飲(の)みますか 무엇을 마시겠습니까

何(なに)を　飲(の)みますか

小林(こばやし)　：朴(パク)さん、コーヒーショップに　行(い)きましょうか。
朴(パク)　　：はい、いいですよ。
小林(こばやし)　：静(しず)かで　きれいですね。
朴(パク)　　：何(なに)を　飲(の)みますか。
吉田(よしだ)　：私(わたし)は　ホットコーヒー。
小林(こばやし)　：私(わたし)も。朴(パク)さんは。
朴(パク)　　：私(わたし)は　オレンジジュースに　します。
　　　　すみません。ホットコーヒー　二(ふた)つと
　　　　オレンジジュース　一(ひと)つ　ください。
店員(てんいん)　：ありがとう　ございます。

새로 나온 단어

- コーヒーショップ：커피숍
- 行(い)きましょうか：갈까요
- 静(しず)かで：조용하고
- 静(しず)かだ：조용하다
- きれいです：깨끗합니다
- きれいだ：깨끗하다
- 飲(の)みますか：마시겠습니까
- ホットコーヒー：핫 커피
- オレンジジュース：오렌지 주스
- 店員(てんいん)：점원

무엇을 마시겠습니까

코바야시 : 박씨, 커피숍에 갈까요?
박 : 네, 좋아요.
코바야시 : 조용하고 깨끗하네요.
박 : 무엇을 마시겠습니까?
요시다 : 저는 뜨거운 커피.
코바야시 : 저도요. 박씨는?
박 : 저는 오렌지 주스로 할게요.
실례합니다. 뜨거운 커피 둘,
오렌지 주스 하나 주세요.
점원 : 감사합니다.

동사유형

• 1그룹 동사(5단 동사)

- 동사 기본형 어미가 う단으로 끝나는 동사
- 공식에 의해 규칙적으로 변형된다.
- 동사 기본형 어미가 る로 끝나지만, る 앞에 い단이나 え단이 오지 않는다.
- 정중형 ~ます(~입니다)형으로 변형 시, 어미를 い단으로 바꾸고 ます를 붙인다.

- 買(か)う(사다) → 買(か)います(삽니다)
- 行(い)く(가다) → 行(い)きます(갑니다)
- 待(ま)つ(기다리다) → 待(ま)ちます(기다립니다)
- 呼(よ)ぶ(부르다) → 呼(よ)びます(부릅니다)
- 話(はな)す(말하다) → 話(はな)します(말합니다)
- 飲(の)む(마시다) → 飲(の)みます(마십니다)
- 急(いそ)ぐ(서두르다) → 急(いそ)ぎます(서두릅니다)
- 乗(の)る(타다) → 乗(の)ります(탑니다)

• 예외 1그룹 동사

- 2그룹 동사에 해당되지만 ます(입니다)형으로 변형 시 1그룹 동사 공식을 따른다.

• 帰(かえ)る(돌아가다)	→	帰(かえ)ります(돌아갑니다)
• 切(き)る(자르다)	→	切(き)ります(자릅니다)
• 知(し)る(알다)	→	知(し)ります(압니다)
• 要(い)る(필요하다)	→	要(い)ります(필요합니다)
• 入(はい)る(들어가다)	→	入(はい)ります(들어갑니다)
• 走(はし)る(달리다)	→	走(はし)ります(달립니다)

• 2그룹 동사(상 1단・하 1단 동사)

- 동사 기본형 어미가 る로 끝나는 동사
- 공식에 의해 규칙적으로 변형된다.
- 동사 기본형 어미가 る로 끝나고 る 앞에 い단이나 え단이 온다.
- 정중형 ～ます(～입니다)형으로 변형 시, 기본형 어미 る를 지우고 ます를 붙인다.

• 食(た)べる(먹다)	→	食(た)べます(먹습니다)
• 起(お)きる(일어나다)	→	起(お)きます(일어납니다)
• 寝(ね)る(자다)	→	寝(ね)ます(잡니다)
• 見(み)る(보다)	→	見(み)ます(봅니다)

• 3그룹 동사(변격동사)

- 불규칙 동사로, 아래 2가지뿐이다. 정중형 ～ます(～입니다)형으로 변형 시, 모두 변형한다.

• する(하다)	→	します(합니다)
• 来(く)る(오다)	→	来(き)ます(옵니다)

第25課 韓国の辛い料理は食べられますか

한국의 매운 요리는 먹을 수 있습니까

韓国の　辛い　料理は　食べられますか

• 会話 1　コーヒーショップで

李　：田中さんは、韓国に　行った　ことが　ありますか。
田中　：ええ。仕事で　何回か　行きました。
李　：じゃ、韓国語も　話せますか。
田中　：いいえ、文字は　読めますけど、話せません。
李　：そうですか。韓国の　辛い　料理は　食べられますか。
田中　：ええ。私は　辛い　食べ物が　大好きですから、
　　いくら　辛くても　大丈夫です。

• 会話 2　コーヒーショップで

田中　：明日のパーティー、何を　持って行ったら　いいですか。
李　：私が　全部　用意しますから、
　　何も　持って来なくてもいいですよ。
田中　：じゃ、早く　行って、準備を　手伝いますよ。
李　：それは　助かります。その　前に　部屋を　掃除して、
　　きれいに　しなくては　いけませんね。

새로 나온 단어

- 何回か：몇 번인가
- 話せる：말할 수 있다
- 文字：문자, 글자
- 読める：읽을 수 있다
- 辛い：맵다, 매운
- 料理：요리
- 食べられる：먹을 수 있다
- 大丈夫だ：괜찮다

- パーティー：파티
- 全部(ぜんぶ)：전부
- 用意(ようい)：준비
- 何(なに)も：아무것도
- 早(はや)く：빨리, 일찍
- 準備(じゅんび)：준비
- 手伝(てつだ)う：돕다
- 助(たす)かる：도움이 되다
- 部屋(へや)：방
- 掃除(そうじ)：청소
- ～けど：그렇지만(けれどもの 준말)
- いくら～て(で)も：아무리 ～(하)더라도, 아무리 ～(라)해도
- ～なくてもいい：～(하)지 않아도 좋다
- ～にする：～로/게 하다, ～로/게 만들다
- ～なくてはいけない：～(하)지 않으면 안 된다, ～해야 한다

한국의 매운 요리는 먹을 수 있습니까

● 회화 1 커피숍에서

이 : 다나카씨는 한국에 간 적이 있습니까?
다나카 : 네. 일로 몇 번인가 갔습니다.
이 : 그럼, 한국어도 말할 수 있습니까?
다나카 : 아니요, 글자는 읽을 수 있지만 말할 수는 없습니다.
이 : 그렇군요. 한국의 매운 요리는 먹을 수 있습니까?
다나카 : 네. 나는 매운 음식을 매우 좋아하기 때문에, 아무리 매워도 괜찮습니다.

● 회화 2 커피숍에서

다나카 : 내일 파티, 무엇을 가져가면 됩니까?
이 : 제가 전부 준비하니까, 아무것도 가져오지 않아도 괜찮습니다.
다나카 : 그럼, 빨리 가서 준비를 도울게요.
이 : 그건 도움이 됩니다. 그전에 방을 청소해서 깨끗이 해야 되겠군요.

● 味(あじ)の表現(ひょうげん) 맛 표현

① おいしい / うまい：맛있다
② まずい：맛없다
③ 甘(あま)い：달다, 싱겁다
④ 辛(から)い：맵다
⑤ 塩辛(しおから)い：짜다

⑥ 苦い：쓰다

⑦ 酸っぱい：시다

⑧ 味が濃い：맛이 진하다

⑨ 味が薄い：맛이 싱겁다

⑩ あっさりしている：담백하다

⑪ さっぱりしている：개운하다

⑫ あぶらっこい：기름지다, 느끼하다

● 家の仕事 집안일

1. 掃除をする：청소를 하다
2. 掃除機をかける：청소기를 돌리다
3. 部屋を片付ける：방을 정리하다
4. 床を拭く：바닥을 닦다
5. 洗濯をする：빨래를 하다
6. 洗濯物を干す：빨래를 말리다
7. 洗濯物をたたむ：빨래를 개다
8. アイロンをかける：다림질을 하다
9. ご飯をたく：밥을 짓다(하다)
10. 料理を作る：요리를 만들다(하다)
11. お皿を洗う：접시를 닦다
12. ゴミを捨てる：쓰레기를 버리다
13. 子供の世話をする：아이를 돌보다
14. 花に水をやる：꽃에 물을 주다
15. 靴を磨く：구두를 닦다
16. 買い物をする：장을 보다

부 록

1. 日本語 글씨 쓰기
2. 동사・형용사・조동사・대명사 활용편
3. 기초회화 총정리
4. 기초단어 정리
5. 일본어 노래

1. 日本語 글씨 쓰기

1 あ行

あ	い	う	え	お
a	i	u	e	o
ア	イ	ウ	エ	オ

설명 「あ・い・う・え・お」는 일본어의 모음이다.

あ행의 발음은 한글 「아이우에오」와 거의 같지만, 주의해야 할 점은 입을 많이 벌리지 않고 발음하는 것이다. 발음은 영어 발음기호의 모음, 특히 「う」는 한글 「으」와 「우」의 중간 음이므로 입술이 튀어나오지 않게 발음해야 한다.

예

① あい ‥‥ 사랑　② いい ‥‥ 좋다
③ うえ ‥‥ 위　④ いえ ‥‥ 집
⑤ おい ‥‥ 조카　⑥ あおい ‥‥ 파랗다
⑦ あう ‥‥ 만나다　⑧ えい ‥‥ 가오리

예

① アメリカ ‥‥ 미국　② ウイスキー‥‥ 위스키
③ オリンピック ‥‥ 올림픽　④ エレベーター‥‥ 엘리베이터

• あ行 쓰기 연습

あ										
い										
う										
え										
お										
ア										
イ										
ウ										
エ										
オ										

2 か行

か	き	く	け	こ
ka	ki	ku	ke	ko
カ	キ	ク	ケ	コ

설명 か행의 발음은 한글 「ㄱ」과 영어 「k」의 중간 음에 해당하나, 단어의 첫 음절에서는 「ㄱ」과 영어 「k」의 중간 음이고, 가운데 음이나 마지막 음에 올 경우에는 「k」와 「ㄲ」의 중간음이 된다.

「く」는 모음이 「우」와 「으」의 중간 음이므로 입술이 튀어나오지 않게 발음해야 한다.

예

① あかい ‥‥ 빨갛다　② あき ‥‥ 가을
③ えき ‥‥ 역　④ かい ‥‥ 조개
⑤ いく ‥‥ 가다　⑥ かく ‥‥ 쓰다
⑦ いけ ‥‥ 연못　⑧ ここ ‥‥ 여기

예

① カレンダー ‥‥ 미국　② キー ‥‥ 열쇠
③ インク ‥‥ 잉크　④ ココア ‥‥ 코코아

• か行 쓰기 연습

か

き

く

け

こ

カ

キ

ク

ケ

コ

3 さ行

さ	し	す	せ	そ
sa	si	su	se	so
サ	シ	ス	セ	ソ

설명 さ 행의 발음은 한글 「사시스세소」와 같으나, 혀끝을 아랫니의 뒤쪽에 대고, 혀끝과 윗니 뒷면 사이에 생기는 틈 사이로 숨을 내밀어 발음한다. 「す」는 한글의 「스」와 「수」의 중간 음이므로 입술이 튀어나오지 않게 발음해야 한다.

예

① あさ ‥‥ 아침　　② かさ ‥‥ 우산
③ あし ‥‥ 다리　　④ いし ‥‥ 돌
⑤ うし ‥‥ 소　　⑥ いす ‥‥ 의자
⑦ せき ‥‥ 자리　　⑧ うそ ‥‥ 거짓말

예

① システム ‥‥ 시스템　　② スイス ‥‥ 스위스
③ ソウル ‥‥ 서울　　④ サイクル ‥‥ 사이클

• さ行 쓰기 연습

さ										
し										
す										
せ										
そ										
サ										
シ										
ス										
セ										
ソ										

4 た行

た	ち	つ	て	と
ta	ti[chi]	tu[tsu]	te	to
タ	チ	ツ	テ	ト

설명 た행 중에서「た・て・と」세 음은 혀끝을 윗니와 잇몸의 경계 부근에 댔다가 떼는 동시에 발음한다. 그러나 단어의 첫음절에는「ㄷ」과「ㅌ」의 중간 음이나, 2음절부터는「ㅌ」와「ㄸ」의 중간 음이 된다.

특히「ち」와「つ」는 혀를 잇몸에 붙였다가 떼면서 발음하면 되지만, 한국인에게는 쉬운 발음이 아니기 때문에 반복 연습하여야 한다.

예

① うた ‥‥ 노래　② かた ‥‥ 어깨
③ ちち ‥‥ 아버지　④ いち ‥‥ 일, 1
⑤ くつ ‥‥ 신발　⑥ て ‥‥ 손
⑦ そと ‥‥ 밖　⑧ とり ‥‥ 닭
⑨ おてら ‥‥ 절　⑩ たかい ‥‥ 높다, 비싸다

예

① タイ ‥‥ 태국　② スポーツ ‥‥ 스포츠
③ トイレ ‥‥ 화장실　④ タクシー ‥‥ 택시

• た行 쓰기 연습

た										
ち										
つ										
て										
と										
タ										
チ										
ツ										
テ										
ト										

5 な行

な	に	ぬ	ね	の
na	ni	nu	ne	no
ナ	ニ	ヌ	ネ	ノ

설명 な 행의 발음은 한국의 「나・니・누・네・노」와 같고, 혀끝을 잇몸에 밀착시킨 다음 떼면서 코로 숨을 내보내며 발음한다. 「ぬ」는 「누」와 「느」의 중간 음이므로 입술이 튀어나오지 않게 발음한다.

예

① あなた ‥‥ 당신　② おんな ‥‥ 여자
③ せなか ‥‥ 등　④ あに ‥‥ 형, 오빠
⑤ くに ‥‥ 나라　⑥ いぬ ‥‥ 개
⑦ あね ‥‥ 언니, 누나　⑧ ねこ ‥‥ 고양이
⑨ この ‥‥ 이-　⑩ その ‥‥ 그-
⑪ あの ‥‥ 저-　⑫ どの ‥‥ 어느-

예

① テニス ‥‥ 테니스　② ノート ‥‥ 노트
③ ネクタイ ‥‥ 넥타이　④ ニコチン ‥‥ 니코틴

• な行 쓰기 연습

な										
に										
ぬ										
ね										
の										
ナ										
ニ										
ヌ										
ネ										
ノ										

6 は行

は	ひ	ふ	へ	ほ
ha	hi	hu	he	ho
ハ	ヒ	フ	ヘ	ホ

설명 は행의 발음은 한국의 「하・히・후・헤・호」와 비슷하지만, 「ひ」와 「ふ」는 한글 「히」와 「후」보다 힘주어 발음하면 유사한 소리가 나온다. 특히 「ふ」는 양 입술을 주로 사용하여 윗니와 아랫니가 닿지 않도록 한다.

예

① はい ‥‥ 네　　② ばか ‥‥ 바보
③ ひみつ ‥‥ 비밀　　④ くび ‥‥ 목
⑤ ひと ‥‥ 사람　　⑥ ひく ‥‥ 끌다, 당기다
⑦ ふかい ‥‥ 깊다　　⑧ ふね ‥‥ 배(탈것)
⑨ へそ ‥‥ 배꼽　　⑩ へた ‥‥ 서투름
⑪ ほし ‥‥ 별　　⑫ ほしい ‥‥ 원하다

예

① ハム ‥‥ 햄　　② ヒステリー ‥‥ 히스테리
③ ホテル ‥‥ 호텔　　④ フランス ‥‥ 프랑스

• は行 쓰기 연습

は										
ひ										
ふ										
へ										
ほ										
ハ										
ヒ										
フ										
ヘ										
ホ										

7 ま行

ま	み	む	め	も
ma	mi	mu	me	mo
マ	ミ	ム	メ	モ

설명 ま 행의 발음은 한국의 「마・미・무・메・모」와 비슷하지만, 「む」는 성대를 울려서 발음한다. 「む」는 한글 「무」와 「므」의 중간 음에 가깝게 발음해야 하므로, 입술이 튀어나오지 않게 발음하여야 한다.

예

① いま ‥‥ 지금　② うま ‥‥ 말
③ みみ ‥‥ 귀　④ みなみ ‥‥ 남쪽
⑤ むかし ‥‥ 옛날　⑥ むし ‥‥ 벌레
⑦ あめ ‥‥ 비　⑧ めがね ‥‥ 안경
⑨ もも ‥‥ 복숭아　⑩ もち ‥‥ 떡
⑪ くも ‥‥ 구름　⑫ すもう ‥‥ 스모

예

① マイアミ ‥‥ 마이애미　② ホームラン ‥‥ 홈런
③ ミルク ‥‥ 우유　④ カメラ ‥‥ 카메라

• ま行 쓰기 연습

ま										
み										
む										
め										
も										
マ										
ミ										
ム										
メ										
モ										

8 や行

や		ゆ		よ
ya		yu		yo
ヤ		ユ		ヨ

설명 や행의 발음은 한글 「야・유・요」와 같으며, 「い」와 「え」는 あ행의 「い」와 「え」가 중복된 것이다.
독자적으로 음절을 이루지 못하기 때문에 반모음이라고 한다.
일본어의 반모음에는 「や」, 「ゆ」, 「よ」, 「わ」가 있다.

예

① いや ‥‥ 싫어　② おや ‥‥ 부모
③ はやい ‥‥ 빠르다　④ やさい ‥‥ 야채
⑤ やま ‥‥ 산　⑥ やくそく ‥‥ 약속
⑦ ゆび ‥‥ 손가락　⑧ ゆき ‥‥ 눈
⑨ ゆめ ‥‥ 꿈　⑩ よる ‥‥ 밤
⑪ よく ‥‥ 자주, 잘　⑫ よめ ‥‥ 며느리

예

① ヤクルト ‥‥ 요구르트　② ユニホーム ‥‥ 유니폼
③ エスキモ ‥‥ 에스키모　④ インスタント ‥‥ 인스턴트

• や行 쓰기 연습

や										
ゆ										
よ										
ヤ										
ユ										
ヨ										

9 ら行

ら	り	る	れ	ろ
ra	ri	ru	re	ro
ラ	リ	ル	レ	ロ

설명 ら행의 발음은 한글의 「라・리・루・레・로」와 같고, 혀끝이 잇몸에 가볍게 닿았다가 갑자기 떨어지면서 튕기는 발음이다.
「る」는 한글 「루」와 「르」의 중간 음이므로 입술이 튀어 나오지 않게 발음해야 한다.

예

① あらい ···· 거칠다　② さら ···· 접시
③ そら ···· 하늘　④ とら ···· 호랑이
⑤ あり ···· 개미　⑥ くり ···· 밤(열매)
⑦ つり ···· 낚시　⑧ とり ···· 새
⑨ ある ···· 있다　⑩ ねる ···· 자다
⑪ これ ···· 이것　⑫ それ ···· 그것
⑬ くろい ···· 검다　⑭ しろい ···· 하얗다

예

① ライオン ···· 사자　② エスカレータ ···· 에스컬레이터
③ レーンコート ···· 레인코트　④ ロシア ···· 러시아

• ら行 쓰기 연습

ら										
り										
る										
れ										
ろ										
ラ										
リ										
ル										
レ										
ロ										

10 わ行

わ				を
wa				o
ワ				ヲ

설명 わ행의 발음은 한글 「와・오」와 같고, 반모음이다. 특히, 「を」는 「お」와 발음이 같고, 한글의 「~을, ~를」에 해당하는 조사로만 사용한다.

예

① いわ ‥‥ 바위　　② かわ ‥‥ 강/가죽
③ わたし ‥‥ 나, 저　　④ わかい ‥‥ 젊다
⑤ わらう ‥‥ 웃다　　⑥ にわ ‥‥ 정원
⑦ パンをたべる ‥‥ 빵을 먹다　　⑧ ほんをよむ ‥‥ 책을 읽다
⑨ おさけをのむ ‥‥ 술을 마시다　　⑩ テレビをみる‥‥ 티비를 보다
⑪ ほんや ‥‥ 서점　　⑫ しんぶん ‥‥ 신문

예

① ワイヤレス ‥‥ 와이어리스　　② ワーク ‥‥ 워크
③ ワイパー ‥‥ 와이퍼　　④ ワン ‥‥ 원

• わ行 쓰기 연습

わ

を

ん

ワ

ヲ

ン

탁음 (濁音)

흐린 음을 말하며 보통 콧소리로 발음한다.
탁음은 かさ(우산) たば(다발)행에만 온다.

1 が行

が	ぎ	ぐ	げ	ご
ga	gi	gu	ge	go
ガ	ギ	グ	ゲ	ゴ

설명 が행의 발음은 혀 뒤를 융기시켜 연구개에 접촉시키고, 혀를 대는 동시에 성대를 울려 발음한다. 쉽게 말하면, 한글 단어의 2음절 이하에 나오는 발음, 즉 「누가」의 「가」와 거의 같은 발음으로서 목의 성대를 울려 내는 유성음이다.

예

① かぎ ‥‥ 열쇠　　② かぐ ‥‥ 가구
③ がいこく ‥‥ 외국　　④ あご ‥‥ 턱
⑤ かいぎ ‥‥ 회의　　⑥ こうぎ ‥‥ 강의
⑦ がくせい ‥‥ 학생　　⑧ ごご ‥‥ 오후
⑨ げた ‥‥ 일본 나막신　　⑩ ごかい ‥‥ 오해

예

① ガイド ‥‥ 가이드　　② ギター ‥‥ 기타
③ ゲーム ‥‥ 게임　　④ ゴム ‥‥ 고무

• が行 쓰기 연습

が										
ぎ										
ぐ										
げ										
ご										
ガ										
ギ										
グ										
ゲ										
ゴ										

2 ざ行

ざ	じ	ず	ぜ	ぞ
za	ji	zu	ze	zo
ザ	ジ	ズ	ゼ	ゾ

설명 ざ행의 발음은 혀끝을 잇몸에 접촉시켜 막은 기도를, 내쉬는 숨으로 터뜨리면서 내는 발음이다. 다시 말하면, 한글 단어의 2음절째 이하에서 나는 발음, 즉 「가자」의 「자」와 거의 같은 발음으로서 목의 성대를 울려 내는 파찰음이다.

예

① ざっし ‥‥ 잡지　　② あじ ‥‥ 맛
③ かじ ‥‥ 화재　　④ すずめ ‥‥ 참새
⑤ ちず ‥‥ 지도　　⑥ みず ‥‥ 물
⑦ かぜ ‥‥ 감기, 바람　　⑧ ぜいたく ‥‥ 사치
⑨ ぞう ‥‥ 코끼리　　⑩ なぞ ‥‥ 수수께끼

예

① ズボン ‥‥ 바지　　② モザイク ‥‥ 모자이크
③ ゼロ ‥‥ 제로　　④ ローズ ‥‥ 장미

• ざ行 쓰기 연습

ざ										
じ										
ず										
ぜ										
ぞ										
ザ										
ジ										
ズ										
ゼ										
ゾ										

3 だ行

だ	ぢ	づ	で	ど
da	ji	zu	de	do
ダ	ヂ	ヅ	デ	ド

설명 だ행의 발음은 혀끝을 이의 뿌리 및 잇몸 부근에 접촉시켜 혀를 떼는 동시에 내는 유성 파열음이다. 한글 단어의 2음절 이하에 나는 발음, 즉 「가다」의 「다」와 거의 같은 발음으로서 목의 성대를 울려 내는 발음이다.

예

① だれ ···· 누구　② だいこん ···· 무
③ はなぢ ···· 코피　④ くちづけ ···· 입맞춤
⑤ そで ···· 소매　⑥ でんわ ···· 전화
⑦ でんき ···· 전기　⑧ まど ···· 창문
⑨ どこ ···· 어디　⑩ どちら ···· 어느 쪽
⑩ どれ ···· 어느 것　⑪ どのほん ···· 어느 책

예

① ダークホース ···· 다크호스　② ドライブ ···· 드라이브
③ デート ···· 데이트　④ デザイナー ···· 디자이너

• だ行 쓰기 연습

だ										
ぢ										
づ										
で										
ど										
ダ										
ヂ										
ヅ										
デ										
ド										

4 ば行

ば	び	ぶ	べ	ぼ
ba	bi	bu	be	bo
バ	ビ	ブ	ベ	ボ

설명 ば행의 발음은 양 입술을 일단 다물었다가 여는 것과 동시에 내는 발음이다. 한글 단어의 2음절째 이하에 나는 발음, 즉 「시바」의 「바」와 거의 같은 발음으로서 목의 성대를 울려 내는 유성 파열음이다.

예

① はば ‥‥ 넓이　② ばか ‥‥ 바보
③ かばん ‥‥ 가방　④ へび ‥‥ 뱀
⑤ くび ‥‥ 목　⑥ ぶき ‥‥ 무기
⑦ ぶか ‥‥ 부하　⑧ かべ ‥‥ 벽
⑨ べんとう ‥‥ 도시락　⑩ ぼうし ‥‥ 모자

예

① ビール ‥‥ 맥주　② ボート ‥‥ 보트
③ ボーナス ‥‥ 보너스　④ ブーケ ‥‥ 부케

• ば行 쓰기 연습

ば										
び										
ぶ										
べ										
ぼ										
バ										
ビ										
ブ										
ベ										
ボ										

5 ぱ行

ぱ	ぴ	ぷ	ぺ	ぽ
pa	pi	pu	pe	po
パ	ピ	プ	ペ	ポ

설명 ぱ행의 발음은 양 입술을 일단 다물었다가 여는 것과 동시에 내는 파열음이다. 첫 음절에 오면 「ㅍ」 발음에 가깝고, 2음절째 이하에 오면 「ㅃ」 발음에 가깝게 발음한다.

예

① いっぱい ‥‥ 가득　　② はっぱ ‥‥ 나뭇잎
③ えんぴつ ‥‥ 연필　　④ ぴかぴか ‥‥ 반짝반짝
⑤ ぷかぷか ‥‥ 뻑뻑　　⑥ ほっぺた ‥‥ 뺨
⑦ たんぽぽ ‥‥ 민들레　　⑧ むてっぽう ‥‥ 무모함

예

① パイプ ‥‥ 파이프　　② パン ‥‥ 빵
③ ピアノ ‥‥ 피아노　　④ プール ‥‥ 풀장

• ぱ行 쓰기 연습

ぱ										
ぴ										
ぷ										
ぺ										
ぽ										
パ										
ピ										
プ										
ペ										
ポ										

발음과 글자

요음(拗音[ようおん])

모음(い)을 제외한 い단(き/ぎ/し/じ/ち/に/ひ/び/ぴ/み/り)에 반모음(や, ゆ, よ)을 절반 크기로 붙여 1음절로 발음한다.

1 きゃ きゅ きょ

きゃ kya								
きゅ kyu								
きょ kyo								

예

① おきゃく …· 손님　② きゅうり …· 오이

③ きゅうりょう …· 급료　④ きょう …· 오늘

ぎゃ ぎゅ ぎょ

ぎゃ gya								

ぎゅ gyu								
ぎょ gyo								

예

① ぎゃくに ‥‥ 반대로　　② ぎゅうにゅう ‥‥ 우유

③ ぎょうじ ‥‥ 행사　　④ ぎょうせい ‥‥ 행정

2 しゃ　しゅ　しょ

しゃ sha								
しゅ shu								
しょ sho								

예

① しゃかい ‥‥ 사회　　② かいしゃ ‥‥ 회사

③ しゃちょう ‥‥ 사장　　④ しゅうしょく ‥‥ 취직

じゃ　じゅ　じょ

じゃ ja								
じゅ ju								
じょ jo								

예

① じゃがいも ···· 감자　　② じゅうしょ ···· 주소

③ じゅうみん ···· 주민　　④ じょせい ···· 여성

3 ちゃ　ちゅ　ちょ

ちゃ cha								
ちゅ chu								
ちょ cho								

예

① おちゃ ···· 차　　② ちゅうしゃ ···· 주차

③ ちょきん···· 저금　　④ ちゃわん ···· 밥공기

4 にゃ にゅ にょ

にゃ nya								
にゅ nyu								
にょ nyo								

예

① こんにゃく ···· 곤약　　② にゅういん ···· 입원

③ にょうぼう ···· 여보　　④ にゅうがく ···· 입학

5 ひゃ ひゅ ひょ

ひゃ hya								

ひゅ
hyu

ひょ
hyo

びゃ
bya

びゅ
byu

びょ
byo

ぴゃ
pya

ぴゅ
pyu

ぴょ
pyo

예

① ひゃく ···· 백　② びょうき ···· 병
③ ぴょんぴょん ···· 깡충깡충　④ ぴゅうぴゅう ···· 휭휭

6　みゃ　みゅ　みょ

みゃ
mya

みゅ
myu

みょ
myo

예

① みゃくどう ···· 맥동　② みょうぎ ···· 묘기
③ みょうあん ···· 묘안　④ みょうじ ···· 성씨

7　りゃ　りゅ　りょ

りゃ
rya

りゅ ryu								
りょ ryo								

예

① しょうりゃく ‥‥ 생략　　② りゅうがく‥‥ 유학

2. 동사·형용사·조동사·대명사 활용편

동사 활용표

종류	원형	미연형	연용형	종지형	연체형	가정형	명령형
五단	あう	わ お	い っ	う	う	え	え
〃	あそぶ	ば ぼ	び ん	ぶ	ぶ	べ	べ
〃	ある	ら ろ	り っ	る	る	れ	れ
〃	あるく	か こ	き い	く	く	け	け
〃	あらう	わ お	い っ	う	う	え	え
〃	いう	わ お	い っ	う	う	え	え
〃	いく	か こ	き い	く	く	け	け
〃	うる	ら ろ	り っ	る	る	れ	れ
〃	おく	か こ	き い	く	く	け	け
〃	おとす	さ そ	し し	す	す	せ	せ
〃	おもう	わ お	い っ	う	う	え	え
〃	おわる	ら ろ	り っ	る	る	れ	れ
〃	かう	わ お	い っ	う	う	え	え

종류	원형	미연형	연용형	종지형	연체형	가정형	명령형
五단	かえる	ら ろ	り っ	る	る	れ	れ
〃	かく	か こ	き い	く	く	け	け
〃	かかる	ら ろ	り っ	る	る	れ	れ
〃	かぶる	ら ろ	り っ	る	る	れ	れ
〃	かる	ら ろ	り っ	る	る	れ	れ
〃	きく	か こ	き い	く	く	け	け
〃	きる	ら ろ	り っ	る	る	れ	れ
〃	さく	か こ	き い	く	く	け	け
〃	さす	さ そ	し し	す	す	せ	せ
〃	そる	ら ろ	り っ	る	る	れ	れ
〃	しる	ら ろ	り っ	る	る	れ	れ
〃	たす	さ そ	し し	す	す	せ	せ
〃	たつ	た と	ち っ	つ	つ	て	て
〃	つかう	わ お	い っ	う	う	え	え
〃	つく	か こ	き い	く	く	け	け

종류	원형	미연형	연용형	종지형	연체형	가정형	명령형
五단	とおる	ら ろ	り っ	る	る	れ	れ
〃	とぶ	ば ぼ	び ん	ぶ	ぶ	べ	べ
〃	とる	ら ろ	り っ	る	る	れ	れ
〃	なおす	ら ろ	し し	す	す	せ	せ
〃	なる	ら ろ	り っ	る	る	れ	れ
〃	ならう	わ お	い っ	う	う	え	え
〃	のこる	ら ろ	り っ	る	る	れ	れ
〃	のむ	ま も	み ん	む	む	め	め
〃	のる	ら ろ	り っ	る	る	れ	れ
〃	はいる	ら ろ	り っ	る	る	れ	れ
〃	はしる	ら ろ	り っ	る	る	れ	れ
〃	はたらく	か こ	き い	く	く	け	け
〃	はなす	さ そ	し し	す	す	せ	せ
〃	はる	ら ろ	り っ	る	る	れ	れ
〃	ふる	ら ろ	り っ	る	る	れ	れ

종류	원형	미연형	연용형	종지형	연체형	가정형	명령형
五단	ひろう	わ お	い っ	う	う	え	え
〃	まちがう	わ お	い っ	う	う	え	え
〃	まつ	た と	ち っ	つ	つ	て	て
〃	みがく	か こ	き い	く	く	け	け
〃	もつ	た と	ち っ	つ	つ	て	て
〃	もらう	わ お	い っ	う	う	え	え
〃	やすむ	ま も	み ん	む	む	め	め
〃	やる	ら ろ	り っ	る	る	れ	れ
〃	よぶ	ば ぼ	び ん	ぶ	ぶ	べ	べ
〃	よむ	ま も	み ん	む	む	め	め
〃	かわる	ら ろ	り っ	る	る	れ	れ
上一	いる	い	い	いる	いる	いれ	いろ (よ)
〃	おきる	き	き	きる	きる	きれ	きろ (よ)
〃	おりる	り	り	りる	りる	りれ	りろ (よ)
〃	できる	き	き	きる	きる	きれ	きろ (よ)

종류	원형	미연형	연용형	종지형	연체형	가정형	명령형
上一	とじる	じ	じ	じる	じる	じれ	じろ(よ)
〃	みる	み	み	みる	みる	みれ	みろ(よ)
下一	あける	け	け	ける	ける	けれ	けろ(よ)
〃	いれる	れ	れ	れる	れる	れれ	れろ(よ)
〃	おしえる	え	え	える	える	えれ	えろ(よ)
〃	おぼえる	え	え	える	える	えれ	えろ(よ)
〃	かぞえる	え	え	える	える	えれ	えろ(よ)
〃	くらべる	べ	べ	べる	べる	べれ	べろ(よ)
〃	こしらえる	え	え	える	える	えれ	えろ(よ)
〃	しめる	め	め	める	める	めれ	めろ(よ)
〃	たずねる	ね	ね	ねる	ねる	ねれ	ねろ(よ)
〃	たべる	べ	べ	べる	べる	べれ	べろ(よ)
〃	つかれる	れ	れ	れる	れる	れれ	れろ(よ)
〃	つづける	け	け	ける	ける	けれ	けろ(よ)
〃	つとめる	め	め	める	める	めれ	めろ(よ)

종류	원형	미연형	연용형	종지형	연체형	가정형	명령형
下一	ねる	ね	ね	ねる	ねる	ねれ	ねろ (よ)
カ변	くる	こ	き	くる	くる	くれ	こい
サ변	する	しせさ	し	する	する	すれ	しろ せよ
중요한 용법		ない・う・よう에 연결	ます・た에 연결	끝 맺음	체언에 연결	ば에 연결	끝 맺음

형용사 활용표

원형	미연형	연용형	종지형	연체형	가정형
ほしい	かろ	く かっ	い	い	けれ
うすい	かろ	く かっ	い	い	けれ
중요한 용법	う에 연결	なる・た에 연결	끝 맺음	체언에 연결	ば에 연결

[형용사의 종류]

おおきい、ちいさい、ながい、みじかい、たかい、
ひくい、ふとい、ほそい、あさい、ふかい、
はやい、おそい、くらい、あかるい、とおい、
ちかい、ひろい、せまい、あたたかい、すずしい、
あつい、さむい、むずかしい、いそがしい、
やさしい、きれい、うすい、ほしい 등.

형용동사 활용표

원형	미연형	연용형	종지형	연체형	가정형
きれいだ	だろ	だっ·で·に	だ	な	なら
중요한 용법	う에 연결	た·ある·なる에 연결	끝 맺음	체언에 연결	ば에 연결

주요 조동사 활용표

형	미연형	연용형	종지형	연체형	가정형	명령형	활용형	연결
せる	せ	せ	せる	せる	せれ	せろ(よ)	하 1단	「5단」·「サ변」의 미연형에
させる	させ	させ	させる	させる	させれ	させろ(よ)	〃	「5단」·「サ변」외의 미연형에
そうだ	そうだろ	そうだっ そうで そうに	そうだ	そうな			형용동사형	연용형에
	そうだろ	そうだっ そうで そうに	そうだ	そうな			〃	종지형에
たい	たかろ	たかっ たく (とう)	たい	たい	たけれ		형용사형	연용형에
だ	だろ	だっ で	だ	な	なら		형용동사형	체언·조사「の」에
ない	なかろ	なかっ なく	ない	ない	なけれ		형용동사형	연용형에

형	미연형	연용형	종지형	연체형	가정형	명령형	활용형	연결
ようだ	ようだろ	ようだっ ようで ように	ようだ	ような	ようなら		형용사형	조사 「の」 및 「この・その・あの・どの」에
らしい		らしかっ らしく	らしい	らしい			하 1단 〃	연용형에
られる	られ られ	られ られ	られる られる	られる られる	られれ られれ	られろ (よ)	하 1단 〃	「5단」・「サ변」 외의 미연형에
れる	れ れ	れ れ	れる れる	れる れる	れれ れれ	れろ (よ)		「5단」・「サ변」의 미연형에

대명사 일람표

<table>
<tr><th rowspan="2">칭
종류</th><th rowspan="2">자칭</th><th rowspan="2">대칭</th><th colspan="4">타칭</th></tr>
<tr><th>근칭</th><th>중칭</th><th>원칭</th><th>부정칭</th></tr>
<tr><td rowspan="4">인칭대명사</td><td>わたくし
わたし</td><td>あなた</td><td>このかた</td><td>そのかた</td><td>あのかた</td><td>どのかた
どなた</td></tr>
<tr><td>ぼく</td><td>きみ</td><td>このひと</td><td>そのひと</td><td>あのひと</td><td>どのひと</td></tr>
<tr><td>おれ
てまえ</td><td>おまえ
てまえ</td><td></td><td></td><td></td><td></td></tr>
<tr><td>じぶん
われわれ</td><td>しょくん</td><td></td><td></td><td>かれ</td><td>だれ</td></tr>
<tr><td rowspan="3">지시대명사</td><td colspan="2">사물</td><td>これ
これら</td><td>それ
それら</td><td>あれ
あれら</td><td>どれ
どれら</td></tr>
<tr><td colspan="2">장소</td><td>ここ
ここら</td><td>そこ
そこら</td><td>あそこ
あそこら</td><td>どこ
どこら</td></tr>
<tr><td colspan="2">방향</td><td>こちら
こっち</td><td>そちら
そっち</td><td>あちら
あっち</td><td>どちら
どっち</td></tr>
</table>

조사 일람표

종류	조사	용법·뜻	연결·접속
격조사	から	동작이나 작용의 기점	체언
〃	が	주어	〃
〃	で	곳·때·원인	〃
〃	と	비교 : ~와 함께	〃
〃	に	장소·대상·동작의 목적	〃

종류	조사	용법·뜻	연결·접속
격조사	の	주어·수식어(소유)	체언
〃	へ	동작의 방향	〃
〃	より	비교의 기준	〃
〃	を	출발·동작의 대상	〃
부조사	か	확실치 않을 때	체언 종지형
〃	くらい	대략·정도	체언, 용언 연체형
〃	など	예시	체언, 용언 종지형
〃	なり	정도(한정)	〃, 〃
〃	ばかり	정도·대략	체언, 용언 연체형
〃	ほど	정도·대략·분량	〃, 〃
〃	だけ	한정	〃, 〃
〃	まで	귀착점·정도	〃, 〃
〃	やら	확실치 않을 때	〃, 〃
접속조사	から	작용의 원인·이유	용언 종지형
〃	が	단순 접속	〃 〃
〃	けれども	대비·조건	〃 〃
〃	て(で)	전후의 접속·작용의 이유	동사·형용사의 연용형 형용사 종지형
〃	でも(でも)	가정 조건	용언 연용형
〃	と	조건·경우	용언 종지형
〃	ながら	동작의 병행	체언
〃	ので	작용의 원인·이유	용언 연체형
〃	のに	확정조건	〃 〃
〃	ば	조건	용언 가정형

종류	조사	용법·뜻	연결·접속
계조사	こそ	강한 의지	체언, 용언 연용형
〃	しか	한정	체언, 용언 연체형
〃	だって	체언, 추리	〃, 〃
〃	でも	대체를 지칭함	〃, 〃
〃	は	구별	〃, 〃
〃	も	강한 의지·병렬	〃, 〃
병렬조사	か	선택·병렬	체언, 용언 종지형
〃	と	병렬	체언
〃	たり	병렬	용언 연용형
〃	なり	선택·병렬	체언, 용언 종지형
〃	に	첨가	체언
〃	の	병렬	〃
〃	や	병렬	〃
〃	やら	병렬	〃

숫자 . 사물을 셀 때의 단위

◎ 수 세기			◎ 수 세기		
1	いち	일	1	ひとつ	하나
2	に	이	2	ふたつ	둘
3	さん	삼	3	みっつ	셋
4	し / よん	사	4	よっつ	넷
5	ご	오	5	いつつ	다섯
6	ろく	육	6	むっつ	여섯
7	しち / なな	칠	7	ななつ	일곱
8	はち	팔	8	やっつ	여덟
9	く / きゅう	구	9	ここのつ	아홉
10	じゅう	십	10	とお	열
何	いくつ	몇	何	いくつ	몇

◎ 수 세기			◎ 차례 세기(番)		
1	ひい	하나	1	いちばん	1번
2	ふう	둘	2	に　ばん	2번
3	みい	셋	3	さんばん	3번
4	よう	넷	4	よんばん	4번
5	いつ	다섯	5	ご　ばん	5번
6	むう	여섯	6	ろくばん	6번
7	なな	일곱	7	(ななばん) しちばん	7번
8	やあ	여덟	8	はちばん	8번
9	こう	아홉	9	きゅうばん	9번
10	とお	열	10	じゅうばん	10번

何	いくつ	몇	何	なんばん	몇 번

◎ 차례 세기(第)			◎ 차례 세기(番目)		
1	だいいち	제1	1	いちばんめ	첫째
2	だい　に	제2	2	に　ばんめ	둘째
3	だいさん	제3	3	さんばんめ	셋째
4	だい　し	제4	4	よんばんめ	넷째
5	だい　ご	제5	5	ご　ばんめ	다섯째
6	だいろく	제6	6	ろくばんめ	여섯째
7	だいしち	제7	7	(ななばんめ) しちばんめ	일곱째
8	だいはち	제8	8	はちばんめ	여덟째
9	だいきゅう	제9	9	(く　ばんめ) きゅうばんめ	아홉째
10	だいじゅう	제10	10	じゅうばんめ	열째
何			何	なんばんめ	몇째

◎ 사람을 셀 때(人)			◎ 작은 물건·과일 등을 셀 때(個)		
1	ひとり	한 명	1	いっこ	한 개
2	ふたり	두 명	2	に　こ	두 개
3	さんにん	세 명	3	さんこ	세 개
4	よにん	네 명	4	よんこ	네 개
5	ごにん	다섯 명	5	ご　こ	다섯 개
6	ろくにん	여섯 명	6	ろっこ	여섯 개
7	(ななにん) しちにん	일곱 명	7	ななこ	일곱 개
8	はちにん	여덟 명	8	はっこ	여덟 개
9	(くにん)	아홉 명	9	きゅうこ	아홉 개

	きゅうにん				
10	じゅうにん	열 명	10	じゅっこ	열 개
何	なんにん	몇	何	なんこ	몇 개

◎ 물고기·곤충·작은 동물 등을 셀 때(匹)			◎ 소·코끼리 같은 큰 동물을 셀 때(頭)		
1	いっぴき	한 마리	1	いっとう	일 두
2	に　ひき	두 마리	2	に　とう	이 두
3	さんびき	세 마리	3	さんとう	삼 두
4	よんびき	네 마리	4	よんとう	사 두
5	ごひき	다섯 마리	5	ご　とう	오 두
6	ろっぴく	여섯 마리	6	ろくとう	육 두
7	ななぎき	일곱 마리	7	ななとう	칠 두
8	はっぴき	여덟 마리	8	はっとう	팔 두
9	きゅうひき	아홉 마리	9	きゅうとう	구 두
10	じゅっぴき	열 마리	10	じゅっとう	십 두
何	なんびき	몇 마리	何	なんとう	몇 두

◎ 새 종류를 셀 때(羽)			◎ 숯·석회·시멘트 등의 부대를 셀 때(俵)		
1	いちわ	한 마리	1	いっぴょう	한 포
2	に　わ	두 마리	2	に　ひょう	두 포
3	さんば	세 마리	3	さんびょう	세 포
4	(よんば) し　わ	네 마리	4	よんびょう	네 포
5	ご　わ	다섯 마리	5	ご　ひょう	다섯 포
6	ろくわ	여섯 마리	6	ろっぴょう	여섯 포
7	(ななわ) しちわ	일곱 마리	7	ななひょう	일곱 포
8	はちわ	여덟 마리	8	はっぴょう	여덟 포

9	く　わ	아홉 마리	9	きゅうひょう	아홉 포
10	じゅうわ	열 마리	10	じゅっぴょう	열 포
何	なんば	몇 마리	何	なんびょう	몇 포

◎ 책·서적을 셀 때(冊)			◎ 연필·분필 같은 가늘고 긴 물건을 셀 때(本)		
1	いっさつ	한 권	1	いっぽん	한 자루
2	に　さつ	두 권	2	に　ほん	두 자루
3	さんさつ	세 권	3	さんぼん	세 자루
4	よんさつ	네 권	4	よんほん	네 자루
5	ご　さつ	다섯 권	5	ごほん	다섯 자루
6	ろくさつ	여섯 권	6	ろっぽん	여섯 자루
7	ななさつ	일곱 권	7	ななほん	일곱 자루
8	はっさつ	여덟 권	8	はっぽん	여덟 자루
9	きゅうさつ	아홉 권	9	きゅうほん	아홉 자루
10	じゅっさつ	열 권	10	じゅっぽん	열 자루
何	なんさつ	몇 권	何	なんぼん	몇 자루

◎ 종이·가마니 등을 셀 때(枚)			◎ 양말·신발 등을 셀 때(足)		
1	いちまい	한 장	1	いっそく	한 켤레
2	に　まい	두 장	2	に　そく	두 켤레
3	さんまい	세 장	3	さんそく	세 켤레
4	よんまい	네 장	4	よんそく	네 켤레
5	ご　まい	다섯 장	5	ご　そく	다섯 켤레
6	ろくまい	여섯 장	6	ろくそく	여섯 켤레
7	ななまい	일곱 장	7	ななそく	일곱 켤레
8	はちまい	여덟 장	8	はっそく	여덟 켤레
9	きゅうまい	아홉 장	9	きゅうそく	아홉 켤레

10	じゅうまい	열 장	10	じゅっそく	열 켤레
何	なんまい	몇 장	何	なんそく	몇 켤레

◎ 돈을 셀 때(円)			◎ 총·칼 등을 셀 때(丁)		
1	いちえん	1엔	1	いっちょう	한 자루
2	に　えん	2엔	2	に　ちょう	두 자루
3	さんえん	3엔	3	さんちょう	세 자루
4	よんえん	4엔	4	よんちょう	네 자루
5	ご　えん	5엔	5	ご　ちょう	다섯 자루
6	ろくえん	6엔	6	ろくちょう	여섯 자루
7	(しちえん) ななえん	7엔	7	ななちょう	일곱 자루
8	はちえん	8엔	8	はっちょう	여덟 자루
9	きゅうえん	9엔	9	きゅうちょう	아홉 자루
10	じゅうえん	10엔	10	じゅっちょう	열 자루
何	いくら	얼마	何	なんちょう	몇 자루

◎ 기차의 객차·화차를 셀 때(輌)			◎ 자동차·비행기 등을 셀 때(台)		
1	いちりょう	1량	1	いちだい	한 대
2	に　りょう	2량	2	に　だい	두 대
3	さんりょう	3량	3	さんだい	세 대
4	よんりょう	4량	4	よんだい	네 대
5	ご　りょう	5량	5	ご　だい	다섯 대
6	ろくりょう	6량	6	ろくだい	여섯 대
7	しちりょう	7량	7	ななだい	일곱 대
8	はちりょう	8량	8	はちだい	여덟 대
9	(くりょう) きゅうりょう	9량	9	きゅうだい	아홉 대

10	じゅうりょう	10량	10	じゅうだい	열 대
何	なんりょう	몇 량	何	なんだい	몇 대

◎ 돛단배·통통배 등을 셀 때(艘)			◎ 군함·기선 등을 셀 때(隻)		
1	いっそう	한 척	1	いっせき	한 척
2	に　そう	두 척	2	に　せき	두 척
3	さんそう	세 척	3	さんせき	세 척
4	よんそう	네 척	4	よんせき	네 척
5	ご　そう	다섯 척	5	ご　せき	다섯 척
6	ろくそう	여섯 척	6	ろくせき	여섯 척
7	ななそう	일곱 척	7	ななせき	일곱 척
8	はっそう	여덟 척	8	はっせき	여덟 척
9	きゅうそう	아홉 척	9	きゅうせき	아홉 척
10	じゅっそう	열 척	10	じゅっせき	열 척
何	なんそう	몇 척	何	なんせき	몇 척

◎ 낟알을 셀 때(粒)			◎ 1·2·3의 등수를 셀 때(等)		
1	ひとつぶ	한 알	1	いっとう	1등
2	ふたつぶ	두 알	2	に　とう	2등
3	み　つぶ	세 알	3	さんとう	3등
4	よんつぶ	네 알	4	よんとう	4등
5	ご　つぶ	다섯 알	5	ご　とう	5등
6	ろくつぶ	여섯 알	6	ろくとう	6등
7	ななつぶ	일곱 알	7	ななとう	7등
8	はっつぶ	여덟 알	8	はっとう	8등
9	きゅうつぶ	아홉 알	9	きゅうとう	9등
10	じゅっつぶ	열 알	10	じゅっとう	10등

何	なんつぶ	몇 알	何	なんとう	몇 등

◎ 사람의 나이를 셀 때(歳)			◎ 횟수를 셀 때(回)		
1	いっさい	한 살	1	いっかい	1회
2	に　さい	두 살	2	に　かい	2회
3	さんさい	세 살	3	さんかい	3회
4	よんさい	네 살	4	よんかい	4회
5	ご　さい	다섯 살	5	ご　かい	5회
6	ろくさい	여섯 살	6	ろっかい	6회
7	ななさい	일곱 살	7	ななかい	7회
8	はっさい	여덟 살	8	(はっかい) はちかい	8회
9	きゅうさい	아홉 살	9	きゅうかい	9회
10	じゅっさい	열 살	10	じゅっかい	10회
何	なんさい	몇 살	何	なんかい	몇 회

◎ 달을 셀 때(月)			◎ 의복의 수를 셀 때(着)		
1	いちがつ	1월	1	いっちゃく	한 벌
2	に　がつ	2월	2	に　ちゃく	두 벌
3	さんがつ	3월	3	さんちゃく	세 벌
4	し　がつ	4월	4	よんちゃく	네 벌
5	ご　がつ	5월	5	ご　ちゃく	다섯 벌
6	ろくがつ	6월	6	ろくちゃく	여섯 벌
7	しちがつ	7월	7	ななちゃく	일곱 벌
8	はちがつ	8월	8	はっちゃく	여덟 벌
9	くがつ	9월	9	きゅうちゃく	아홉 벌
10	じゅうがつ	10월	10	じゅっちゃく	열 벌

何	なんがつ	몇 월	何	なんちゃく	몇 벌

◎ 층을 셀 때(階)			◎ 개월 수를 셀 때(ヶ月)		
1	いっかい	1층	1	いっかげつ	1개월
2	に　かい	2층	2	に　かげつ	2개월
3	さんがい	3층	3	さんかげつ	3개월
4	よんかい	4층	4	よんかげつ	4개월
5	ご　かい	5층	5	ご　かげつ	5개월
6	ろっかい	6층	6	ろっかげつ	6개월
7	ななかい	7층	7	(しちかげつ) ななかげつ	7개월
8	はっかい	8층	8	はっかげつ	8개월
9	きゅうかい	9층	9	きゅうかげつ	9개월
10	じゅっかい	10층	10	じゅっかげつ	10개월
何	なんがい	몇 층	何	なんかげつ	몇 개월

◎ 시간을 말할 때(時間)			◎ 시각의 분을 말할 때(分)		
1	いちじかん	한 시간	1	いっぷん	1분
2	に　じかん	두 시간	2	に　ふん	2분
3	さんじかん	세 시간	3	さんぷん	3분
4	よ　じかん	네 시간	4	(よんふん) よんぷん	4분
5	ご　じかん	다섯 시간	5	ご　ふん	5분
6	ろくじかん	여섯 시간	6	ろっぷん	6분
7	ななじかん	일곱 시간	7	ななふん	7분
8	はちじかん	여덟 시간	8	はっぷん	8분
9	く　じかん	아홉 시간	9	きゅうふん	9분
10	じゅうじかん	열 시간	10	じゅっぷん	10분

何	なんじかん	몇 시간	何	なんぷん	몇 분

◎ 집의 수를 셀 때(軒)			◎ 작은 묶음을 셀 때(束)		
1	いっけん	한 채	1	ひとたば	한 묶음
2	に　けん	두 채	2	ふたたば	두 묶음
3	さんけん	세 채	3	み　たば	세 묶음
4	よんけん	네 채	4	よんたば	네 묶음
5	ご　けん	다섯 채	5	ごたば	다섯 묶음
6	ろっけん	여섯 채	6	ろくたば	여섯 묶음
7	ななけん	일곱 채	7	ななたば	일곱 묶음
8	はちけん	여덟 채	8	はちたば	여덟 묶음
9	きゅうけん	아홉 채	9	く　たば	아홉 묶음
10	じゅっけん	열 채	10	じゅったば	열 묶음
何	なんけん	몇 채	何	なんたば	몇 묶음

◎ 잔을 셀 때(杯)			◎ 사람을 셀 때(名)		
1	いっぱい	한 잔	1	いちめい	한 명
2	に　はい	두 잔	2	に　めい	두 명
3	さんばい	세 잔	3	さんめい	세 명
4	よんはい	네 잔	4	よんめい	네 명
5	ご　はい	다섯 잔	5	ご　めい	다섯 명
6	ろっぱい	여섯 잔	6	ろくめい	여섯 명
7	ななはい	일곱 잔	7	ななめい	일곱 명
8	はっぱい	여덟 잔	8	はちめい	여덟 명
9	きゅうはい	아홉 잔	9	きゅうめい	아홉 명
10	じゅっぱい	열 잔	10	じゅうめい	열 명
何	なんばい	몇 잔	何	なんめい	몇 명

◎ 주를 셀 때(週間)			◎ 해를 셀 때(年)		
1	いっしゅうかん	일주일	1	いちねん	일 년
2	にしゅうかん	이 주	2	に　ねん	이 년
3	さんしゅうかん	삼 주	3	さんねん	삼 년
4	よんしゅうかん	사 주	4	よんねん	사 년
5	ごしゅうかん	오 주	5	ご　ねん	오 년
6	ろくしゅうかん	육 주	6	ろくねん	육 년
7	ななしゅうかん	칠 주	7	ななねん	칠 년
8	はっしゅうかん	팔 주	8	はちねん	팔 년
9	きゅうしゅうかん	구 주	9	きゅうねん	구 년
10	じゅっしゅうかん	십 주	10	じゅうねん	십 년
何	なんしゅうかん	몇 주	何	なんねん	몇 년

◎ 날짜를 셀 때(日)					
1	ついたち	하루	11	じゅういちにち	11일
2	ふつか	이틀	12	じゅうににち	12일
3	みっか	사흘	14	じゅうよっか	14일
4	よっか	나흘	19	じゅうくにち	19일
5	いつか	닷새	20	はつか	20일
6	むいか	엿새	30	さんじゅうにち	30일
7	なのか	이레	31	さんじゅういちにち	31일
8	ようか	여드레	何	なんにち	며칠
9	ここのか	아흐레			
10	とおか	열흘			

◎ 박을 셀 때(泊)		
1	いっぱく	일박
2	に　はく	이박
3	さんぱく	삼박
4	よんはく	사박
5	ご　はく	오박
6	ろっぱく	육박
7	ななはく	칠박
8	はっぱく	팔박
9	きゅうはく	구박
10	じゅっぱく	십박
何	なんぱく	몇 박

◎ 시를 셀 때(時)		
1	いちじ	한 시
2	に　じ	두 시
3	さんじ	세 시
4	よ　じ	네 시
5	ご　じ	다섯 시
6	ろくじ	여섯 시
7	しちじ	일곱 시
8	はちじ	여덟 시
9	く　じ	아홉 시
10	じゅうじ	열 시
11	じゅういちじ	열한 시
12	じゅうにじ	열두 시
何	なんじ	몇 시

◎ 초를 셀 때(秒)					
1	いちびょう	일 초	15	じゅうごびょう	십오 초
2	に　びょう	이 초	20	にじゅうびょう	이십 초
3	さんびょう	삼 초	25	にじゅうごびょう	이십오 초
4	よんびょう	사 초	30	さんじゅうびょう	삼십 초
5	ご　びょう	오 초	35	さんじゅうごびょう	삼십오 초
6	ろくびょう	육 초	40	よんじゅうびょう	사십 초
7	ななびょう	칠 초	45	よんじゅうごびょう	사십오 초
8	はちびょう	팔 초	50	ごじゅうびょう	오십 초
9	きゅうびょう	구 초	55	ごじゅうごびょう	오십오 초
10	じゅうびょう	십 초	60	ろくじゅうびょう	육십 초
			何	なんびょう	몇 초

◎ 요일을 셀 때(曜日)			
にちようび	げつようび	かようび	すいようび
日曜日	月曜日	火曜日	水曜日
일요일	월요일	화요일	수요일
もくようび	きんようび	どようび	なんようび
木曜日	金曜日	土曜日	何曜日
목요일	금요일	토요일	무슨 요일

◎ 날(日)	◎ 주(週)	◎ 달(月)	◎ 년(年)
おととい (一昨日)	せんせんしゅう (先々週)	せんせんげつ (先々月)	おととし (一昨年)
그제	지지난주	지지난달	재작년
きのう (昨日)	せんしゅう (先週)	せんげつ (先月)	きょねん (去年)
어제	지난주	지난달	작년
きょう (今日)	こんしゅう (今週)	こんげつ (今月)	ことし (今年)
오늘	이번주	이번달	올해
あした (明日)	らいしゅう (来週)	らいげつ (来月)	らいねん (来年)
내일	다음주	다음달	내년
あさって (明後日)	さらいしゅう (再来週)	さらいげつ (再来月)	さらいねん (再来年)
모레	다다음주	다다음달	내후년
しあさって(明々後日)			
글피			
まいにち (毎日)	まいしゅう (毎週)	まいつき (毎月)	まいとし (毎年)
매일	매주	매월	매년

3. 기초회화 총정리

인 사

おはようございます。 안녕하세요?(아침인사)

こんにちは。 안녕하세요?(점심인사)

こんばんは。 안녕하세요?(저녁인사)

毎度(まいど)お世話(せわ)になっています。 매번 신세가 많습니다.

いらっしゃいませ。 어서 오세요.

久(ひさ)しぶりですね。 오랜만입니다.

しばらくでした。 오랜만입니다.

• 안부를 물을 때

お元気(げんき)ですか。 잘 지내시나요?

お変(か)わりありませんか。 별일 없으십니까?

ご機嫌(きげん)いかがですか。 어떻게 지내십니까?

相変(あいか)わらずです。 여전합니다. 별고 없습니다.

• 헤어질 때

さようなら。 작별인사

お休(やす)みなさい。 안녕히 주무세요.

では、また。 그럼, 다음에 또 봬요.

さようなら、ごきげんよう。 안녕히 가세요.

じゃ、また。 그럼 다음에 봬요.

また、会(あ)いましょう。 또 만납시다.

また、おいでください。 다시 찾아 주세요.

みなさんに　よろしく。 모두에게 안부 전해 주세요.

감사와 사죄

お礼(れい)を　申(もう)し上(あ)げます。	감사 말씀 드립니다.
どうも　ありがとうございます。	정말 감사합니다.
いいえ、どういたしまして。	아니요, 천만에요.
すみません。	죄송합니다.
申(もう)し訳(わけ)ございません。	송구스럽습니다.
失礼(しつれい)しました。	실례했습니다.
大丈夫(だいじょうぶ)です。	괜찮습니다.
ご苦労様(くろうさま)でした。	수고하셨습니다.
お疲(つか)れ様(さま)でした。	수고하셨습니다.
行(い)ってきます。	다녀오겠습니다.
行(い)っていらっしゃい。	다녀오세요.
ただいま。	다녀왔습니다.
お帰(かえ)りなさい。	어서 돌아오세요.
いただきます。	잘 먹겠습니다.
ごちそうさまでした。	잘 먹었습니다.
お粗末(そまつ)さまでした。	변변치 못했습니다.
もう沢山(たくさん)です。	이미 많이 먹었습니다.
ちょっと失礼(しつれい)いたします。	잠시 실례하겠습니다.

반문

何(なん)ですって。	뭐라고요?
そうですか。	그렇습니까?
よく　分(わ)かりません。	잘 모르겠습니다.
何(なん)の意味(いみ)か　分(わ)かりません。	무슨 의미인지 잘 모르겠습니다.

よく　聞き取れません。　　잘 못 들었습니다.

もう　一度　おっしゃって　いただけませんか。
다시 한 번 말씀해 주시겠습니까?

もう　一度　おっしゃって　ください。
다시 한 번 말씀해 주세요.

전화

もしもし。	여보세요.
金さん　いらっしゃいますか。	김씨 계십니까?
今　おりません。	지금 없습니다.
外出中ですが。	외출 중입니다만.
今　留守に　して　おります。	지금 부재 중입니다.
今　外回り中です。	지금 외근 중입니다.
いつ　お戻りになりますか。	언제 돌아오십니까?
どなたさまですか。	누구십니까?
少々　お待ち下さい。	잠시 기다려 주십시오.
ご伝言でもありますか。	전할 말씀이라도 있습니까?
連絡先は　どこですか。	연락처는 어디입니까?
今　お話中ですが。	지금 통화 중입니다만.
公衆電話は　どこに　ありますか。	공중전화는 어디에 있습니까?
電話を　間違えました。	전화를 잘못 걸었습니다.
お願いが　ありますが。	부탁이 있습니다만.
その通りです。	말씀하신 대로입니다.
もちろんです。	물론입니다.

私も　そう　思います。	저도 그렇게 생각합니다.
なるほど。	역시/과연.
本当ですか。	정말입니까?
例えば	예를 들어, 가령.
今、何時ですか。	지금 몇 시입니까?
時間を　教えてください。	시간을 가르쳐 주세요.
今、ちょうど　9時です。	지금 딱 9시입니다.
時間は　十分　あります。	시간은 충분합니다.

소개

田中さんを　ご紹介いたします。
(타나카씨를 소개 드립니다)
はじめまして、お会いできて　嬉しいです。
私は　金松吉と申します。
どうぞ　よろしく。
(처음 뵙겠습니다. 만나서 반갑습니다. 저는 김송길이라고 합니다.
잘 부탁드리겠습니다.)
私こそ。お頼みいたします。
(저야말로 잘 부탁드리겠습니다.)
※ 이때 보통은 명함을 교환한다.

ご紹介します。	소개하겠습니다.
はじめまして。	처음 뵙겠습니다.
お会いできて　嬉しいです。	만나서 반갑습니다.
これ、私の　名刺です。	이게 제 명함입니다.

부탁

どうぞ　こちらへ。	이쪽으로 오세요.
お願いします。	부탁드립니다.
ちょっと　待ってください。	잠시 기다려 주세요.
早く　して　ください。	빨리 해 주세요.
持ってきて　ください。	가져와 주세요.
置いて　行って　ください。	놓고 가 주세요.
私の　部屋に　電話して　ください。	내 방으로 전화해 주세요.
チケットを　見せて　いただけますか。	표를 보여 주시겠습니까?
どうぞ　お上がり　ください。	어서 들어오세요(현관에서)
おかけ　ください。	앉으세요.
もしもし、ちょっと　うかがいますが。	여보세요, 잠시 여쭈어 보겠습니다만.
失礼ですが。	실례입니다만.
おそれいりますが。	죄송합니다만.
お願いが　あるんですが。	부탁이 있습니다만.
お願い　いたします。	부탁드리겠습니다.

쇼핑

これは　いくらですか。	이거 얼마예요.
あれを　見せて　ください。	저것을 보여 주세요.
高いですね。	비싸네요.
少し　まけて　くださいませんか。	조금 깎아 주세요.
見るだけでも　よろしいです。	구경만 해도 좋습니다.
この　次に　買いましょう。	이 다음에 사지요.

もっと　安いのは　ありませんか。　좀 더 싼 것은 없습니까?

これを　いただきます。　이거 주세요.

これは　いいですね。　이건 좋네요.

安いですね。　싸군요.

축하하는 말

明けましておめでとうございます。　새해 복 많이 받으세요.

新年　おめでとうございます。　새해 복 많이 받으세요.

お誕生日　おめでとうございます。　생일 축하합니다.

ご結婚　おめでとうございます。　결혼 축하합니다.

卒業　おめでとうございます。　졸업 축하합니다.

おめでとうございます。　축하합니다.

こころから　お祝い　申し上げます。　진심으로 축하드립니다.

• 선물을 받았을 때

それは　どうも　ありがとう。　이건 정말 고마워.

ご親切に　ありがとうございます。　친절에 감사합니다.

• 기쁨을 나타낼 때

実に　嬉しい。　정말 기쁘다.

かたじけない。　과분하다.

これ以上の　望みは　ありません。　이 이상 바랄 것이 없습니다.

• 날씨의 경우

今日は　いい天気ですね。

見事に　晴れた　昼ですね。

雨(あめ)が　降(ふ)りそうですね。

ひどく　雪(ゆき)が　降(ふ)っていますよ。

霧(きり)が　とても　深(ふか)いです。

今日(きょう)は　とても　寒(さむ)いですね。

本当(ほんとう)に　蒸(む)し暑(あつ)いですね。

朝(あさ)から　風(かぜ)が　だいぶ　ありますね。

• 기다리게 할 경우

ちょっと　待(ま)ってください。

しばらく(少々(しょうしょう))　お待(ま)ちください。

どうも、お待(ま)たせいたしました。

お待(ま)ちどおさま。

• 行っていらっしゃい、行ってきます

「다녀오세요」와 「다녀오겠습니다」
집에서 배웅하는 사람과 나가는 사람이 나누는 관용적인 인사말이다.

• ただいま

「다녀왔습니다」

집에 돌아왔을 때의 인사말로, 「ただいま　帰(かえ)りました」(지금 돌아왔습니다)의 준말이다.

• お帰りなさい

집에 돌아온 사람을 맞이할 때 하는 인사말이다. 손아랫사람에게는 「お帰り」라고만 해도 괜찮다.
호텔에서 손님이 외출했다가 돌아왔을 때는 「お帰りなさいませ」라는 표현도 쓴다.

기타

何泊の ご予定ですか。	며칠 묵을 예정이십니까?
一泊 いくらですか。	1박에 얼마입니까?
何を 召し上がりますか。	무엇을 드시겠습니까?
メニューを 見せてください。	메뉴를 보여 주세요.
銀座行きを 一枚 ください。	긴자행 표를 한 장 주세요.
バス停は どこですか。	버스 정류장은 어디입니까?
何時発ですか。	몇 시 출발입니까?
相乗り しましょう。	합승합시다.
為替レートは いくらですか。	환율은 얼마입니까?
両替したいですけど。	환전하고 싶습니다만.
日本に 送金したいのですが。	일본에 송금하고 싶습니다만.
ちょっと 甘いですね。	조금 달군요.
とても 苦いですね。	너무 쓰네요.
水っぽいですから 塩を 振りましょう。	싱거우니까 소금을 칩시다.
お腹を 壊しました。	배탈이 났습니다.
お腹が ちくちく 痛みます。	배가 뜨끔뜨끔 아픕니다.
食欲が 全然 ありません。	식욕이 전혀 없습니다.
風邪を 引きました。	감기에 걸렸습니다.
それは いけませんね。	그거 안됐네요.
どうぞ お大事に。	부디 몸조리 잘 하세요.
気を 付けて ください。	조심하세요.
それは けっこうです。	그건 괜찮습니다.

おかげさまで。	덕분에.
これで　いいですか。	이걸로 괜찮습니까?
それで　いいです。	그것으로 됐습니다.
だめです。	안 됩니다.
いい天気(てんき)ですね。	좋은 날씨네요.
天気(てんき)が　悪(わる)いですね。	날씨가 안 좋네요.

4. 기초단어 정리

☰ あ

- あう　会う / 만나다
- あおい　青い / 파랗다
- あかい　赤い / 빨갛다
- あかるい　明るい / 밝다
- あき　秋 / 가을
- あく　開く / 열리다, 틈이 생기다, 시야가 벌어지다
- あける　開ける / 열다
- あげる　上げる / (높은 곳으로) 올리다, 들다, 쳐들다
- あさ　朝 / 아침
- あさごはん　朝ご飯 / 아침밥
- あさって　明後日 / 모레
- あし　足 / 다리, 발
- あした　明日 / 내일
- あそこ / 저기, 저쪽
- あそぶ　遊ぶ /　놀다
- あたたかい　暖かい・温かい / 따뜻하다
- あたま　頭 / 머리
- あたらしい　新しい / 새롭다
- あちら / 저쪽
- あつい　暑い / 덥다
- あつい　熱い / 열이 높다, 뜨겁다
- あつい　厚い / 두껍다
- あと　後 / (어떤 기준 시간부터) 이후, 뒤
- あなた / 당신
- あに　兄 / 형, 오빠
- あね　姉 / 언니, 누나
- あの / 먼 것을 가리키는 말. 저, 그
- あの / 말을 걸 때나 말이 막혔을 때 내는 소리. 저, 저기, 저어
- アパート / 아파트
- あびる　浴びる / 물을 끼얹다, 햇볕을 쬐다, (손해를) 입다

- あぶない　危ない / 위험하다, 위태롭다
- あまい　甘い / 달다, 싱겁다
- あまり / 그다지, 별로
- あめ　雨 / 배
- あらう　洗う / 씻다
- ある　有る·在る / 있다, 존재하다, 위치하다
- あるく　歩く / 걷다, 걸어가다
- あれ / 저것

☰ い

- いい·よい / 좋다, 좋은
- いう　言う / 말하다
- いえ　家 / 집
- いく·ゆく　行く / 가다
- いくつ / 몇 개
- いくら / 얼마
- いけ　池 / 연못
- いしゃ　医者 / 의사
- いす　椅子 / 의자
- いそがしい　忙しい / 바쁘다
- いたい　痛い / 아프다
- いち　一 / 하나, 1
- いちにち　一日 / 하루, 1일
- いちばん　一番 / 첫 번째, 1번, 제일
- いつ / 언제
- いつか　五日 / 5일
- いっしょ　一緒 / 함께, 같이, 동시
- いつつ　五つ / 다섯
- いつも / 언제나, 늘, 항상
- いま　今 / 지금
- いみ　意味 / 의미
- いもうと　妹 / 여동생
- いもうとさん　妹さん / (다른 사람의) 여동생
- いりぐち　入り口 / 입구
- いる　居る / (사람, 동물 등이) 있다

- いる　要る / 필요하다
- いれる　入れる / 넣다
- いろ　色 / 색, 색깔
- いろいろ　色々 / 여러 가지

☰ う

- うえ　上 / 위
- うしろ　後ろ / 뒤, 등
- うすい　薄い / 얇다, 묽다, 연하다
- うた　歌 / 노래
- うたう　歌う / 노래하다, 노래를 부르다
- うち　内·家 / 내부, 안, 집
- うまれる　生まれる / 태어나다
- うみ　海 / 바다
- うる　売る / 팔다
- うわぎ　上着 / 겉옷

☰ え

- え　絵 / 그림
- えいが　映画 / 영화
- えいがかん　映画館 / 영화관, 극장
- えいご　英語 / 영어
- ええ / 대답이나 승낙, 또는 의심되어 물을 때나 놀라움을 나타내는 소리
- えき　駅 / 역, 정거장
- エレベーター / 엘리베이터
- えん　円 / 일본의 화폐 단위. 엔
- えんぴつ　鉛筆 / 연필

☰ お

- お～ / 체언, 형용사, 형용동사 등에 붙여 높임. 겸손, 정다움의 뜻을 나타냄(접두어)
- おいしい / 맛있다, 맛있는
- おおきい　大きい / 크다, 큰, 중대하다, 중대한
- おおぜい　大勢 / 많이, 많은 사람

- おかあさん　お母さん / 어머니
- おかし　お菓子 / 과자
- おかね　お金 / 돈
- おきる　起きる / 일어나다
- おく　置く / 물건을 놓다, 두다, 설치하다
- おくさん　奥さん / 남의 아내를 부르는 말. 부인
- おじさん　伯父さん·叔父さん / 아저씨. 백부, 숙부의 높임말
- おじいさん / 할아버지
- おしえる　教える / 가르치다
- おす　押す / 밀다, 누르다
- おそい　遅い / 늦다, 느리다
- おちゃ　お茶 / 차
- おてあらい　お手洗い / 화장실
- おとうさん　お父さん / 아버지
- おとうと　弟 / 남동생
- おとうとさん　弟さん / (다른 사람의) 남동생
- おとこ　男 / 남자
- おとこのこ　男の子 / 남자 아이
- おととい　一昨日 / 그제
- おととし　一昨年 / 재작년
- おとな　大人 / 성인, 어른
- おなか　お腹 / 배
- おなじ　同じ / 같은, 같음
- おにいさん　お兄さん / (다른 사람의) 형, 오빠
- おねえさん　お姉さん / (다른 사람의) 언니, 누나
- おばさん　伯母さん·叔母さん / 아주머니, 큰어머니, 작은어머니
- おばあさん / 할머니
- おぼえる　覚える / 기억하다
- おもい　重い / 무겁다
- おもしろい　面白い / 재미있다, 흥미롭다
- およぐ　泳ぐ / 헤엄치다
- おりる　降りる / 내리다
- おわる　終わる / 끝나다
- おんがく　音楽 / 음악
- おんな　女 / 여자
- おんなのこ　女の子 / 여자아이, 소녀

☰☰ か

- ～かい　～回 / 차례, 도수, ～회
- ～かい　～階 / 건물의 층을 세는 말. ～층
- がいこく　外国 / 외국
- がいこくじん　外国人 / 외국인
- かいしゃ　会社 / 회사
- かいだん　階段 / 계단
- かいもの　買い物 / 쇼핑, 물건을 삼
- かう　買う / 사다
- かえす　返す / 돌려주다
- かえる　帰る / 돌아가다, 돌아오다
- かお　顔 / 얼굴
- かかる / 걸리다
- かぎ　鍵 / 열쇠
- かく　書く / (글을) 쓰다
- がくせい　学生 / 학생
- ～かげつ　ヶ月 / ～개월
- かける / (안경을) 쓰다, (전화를) 걸다
- かさ　傘 / 우산
- かす　貸す / 빌려 주다
- かぜ　風 / 바람
- かぜ　風邪 / 감기
- かぞく　家族 / 가족
- かた　方 / (사람의 존경어) ～분
- かたかな　片仮名 / 가타카나
- ～がつ　～月 / ～월
- がっこう　学校 / 학교
- かど　角 / 모서리, 길 모퉁이
- かない　家内 / 아내, 집 안
- かばん　鞄 / 가방
- かびん　花瓶 / 꽃병
- かぶる　被る / 쓰다, 뒤집어 쓰다
- かみ　紙 / 종이
- かみ　髪 / 머리카락
- カメラ / 카메라

- かようび　火曜日 / 화요일
- からい　辛い / 맵다
- からだ　体 / 몸
- かりる　借りる / 빌리다, (금품을) 빌리다
- ～がる / ～하다고 생각하다, ～하다고 느끼다, ～한 체하다
- かるい　軽い / 가볍다
- カレンダー / 달력
- かわ　川·河 / 강
- ～がわ　～側 / 옆, 곁
- かわいい　可愛い / 귀엽다
- かんじ　漢字 / 한자
- かんじる　感じる / 느끼다

☰☰ き

- き　木 / 나무
- きいろい　黄色い / 노랗다
- きえる　消える / 사라지다, (불이) 꺼지다
- きく　聞く / 듣다
- きた　北 / 북쪽
- ギター / 기타
- きたない　汚い / 더럽다, 불결하다, 지저분하다
- きっさてん　喫茶店 / 찻집, 카페
- きって　切手 / 우표
- きっぷ　切符 / 입장권, 표
- きのう　昨日 / 어제
- きゅう　九 / 9
- ぎゅうにく　牛肉 / 쇠고기
- ぎゅうにゅう　牛乳 / 우유
- きょう　今日 / 오늘
- きょうしつ　教室 / 교실
- きょうだい　兄弟 / 형제, 자매, 남매
- きょねん　去年 / 작년
- きらい　嫌い / 싫다, 싫음
- きる　切る / 자르다
- きる　着る / (옷을) 입다

- きれい　綺麗 / 아름다움, 깨끗함
- キロ / 킬로
- ぎんこう　銀行 / 은행
- きんようび　金曜日 / 금요일

≡≡ く

- く　九 / 9
- くすり　薬 / 약
- ください / ～주세요, ～해 주세요
- くだもの　果物 / 과일
- くち　口 / 입
- くつ　靴 / 구두, 신발
- くつした　靴下 / 양말
- くに　国 / 나라
- くもる　曇る / 흐리다
- くらい　暗い / 어둡다
- ～くらい·ぐらい / ～정도
- クラス / 클래스. 계급, 등급, 반 등
- グラム / 그램
- くる　来る / 오다
- くるま　車 / 자동차
- くろい　黒い / 검다

≡≡ け

- けさ　今朝 / 오늘 아침
- けす　消す / 끄다
- けっこう　結構 / 좋다, 괜찮다, 충분하다
- けっこん　結婚 / 결혼
- げつようび　月曜日 / 월요일
- げんかん　玄関 / 현관
- げんき　元気 / 건강함

≡≡ こ

- ～こ　～個 / ～개(물건을 세는 단위)

- ご　五 / 5
- こうえん　公園 / 공원
- こうばん　交番 / 파출소
- こえ　声 / 목소리
- ここ / 여기
- ごご　午後 / 오후
- ここのか　九日 / 9일
- ここのつ　九つ / 아홉
- ごぜん　午前 / 오전
- こたえる　答える·応える / 대답하다, 응하다
- こちら / 이쪽
- コップ / 컵
- ことし　今年 / 금년, 올해
- ことば　言葉 / 단어, 말, 언어
- こども　子供 / 자식, 아이, 어린이
- この / 이~
- ごはん　御飯 / 밥, 식사
- こまる　困る / 곤란하다
- これ / 이것
- ~ころ·ごろ　~頃 / ~경, 시기, 쯤
- こんげつ　今月 / 이번 달
- こんしゅう　今週 / 이번 주
- こんな / 이러한, 이런
- こんばん　今晩 / 오늘 밤

☷ さ

- さあ / 자, 그럼(감동사)
- ~さい　歳·才 / 나이, ~세, ~살
- さかな　魚 / 물고기, 생선
- さき　先 / 앞, 먼저
- さく　咲く / (꽃이) 피다
- さくぶん　作文 / 작문
- さけ　酒 / 술
- さす　差す / (우산을) 쓰다
- ~さつ　冊 / ~권

- ざっし　雑誌 / 잡지
- さとう　砂糖 / 설탕
- さむい　寒い / 춥다, 차다
- さら　皿 / 접시
- さらいねん　再来年 / 내후년
- ～さん / ～씨
- さん　三 / 셋, 3
- さんぽ　散歩 / 산보, 산책

☰ し

- し　四 / 4
- ～じ　時 / ～시
- しお　塩 / 소금
- しかし / 그러나, 하지만, 그렇지만
- じかん　時間 / 시간, ～시간
- しごと　仕事 / 일, 직업
- じしょ　辞書 / 사전
- しずか　静か / 조용함
- した　下 / 아래, 밑
- しち　七 / 7
- しつもん　質問 / 질문
- じてんしゃ　自転車 / 자전거
- じどうしゃ　自動車 / 자동차
- しぬ　死ぬ / 죽다
- じびき　字引 / 옥편, 사전
- じぶん　自分 / 자기, 자신
- しまる　閉まる / (문이) 닫히다
- しめる　閉める / (문을) 닫다
- しめる　締める / 매다, 조르다
- じゃ・じゃあ / 그럼, 그러면
- しゃしん　写真 / 사진
- シャツ / 셔츠
- じゅう　十 / 10
- しゅうかん　週間 / 주간, ～주일, ～주
- じゅぎょう　授業 / 수업

- しゅくだい　宿題 / 숙제
- しゅじん　主人 / 주인
- じょうず　上手 / 잘함
- じょうぶ　丈夫 / 건강함, 튼튼함, 단단함
- しょうゆ　醤油 / 간장
- しょくどう　食堂 / 식당
- しる　知る / 알다, 이해하다
- しろい　白い / 하얗다
- ～じん　～人 / ～인
- しんぶん　新聞 / 신문

す

- すいようび　水曜日 / 수요일
- すう　吸う / 들이마시다, 빨아 마시다, (담배를) 피다
- スカート / 스커트, 치마
- すき　好き / 좋아함
- ～すぎ / 과함, 지나침
- すぐ(に) / 즉시, 곧
- すこし　少し / 조금, 약간
- すずしい　涼しい / 시원하다
- ～ずつ / ～씩
- ストーブ / 스토브, 난로
- スプーン / 스푼, 숟가락
- スポーツ / 스포츠
- ズボン / 바지
- すむ　住む / 살다, 거주하다
- スリッパ / 슬리퍼
- する / 하다, 행하다
- すわる　座る / 앉다

せ

- せ・せい　背 / 키, 신장
- せいと　生徒 / 중·고등학교 학생
- セーター / 스웨터

- せっけん　石鹸 / 비누
- せびろ　背広 / 양복
- せまい　狭い / 좁다
- ゼロ / 0
- せん　千 / 1,000
- せんげつ　先月 / 지난 달
- せんしゅう　先週 / 지난주
- せんせい　先生 / 선생님
- せんたく　洗濯 / 세탁, 빨래
- ぜんぶ　全部 / 전부

☰ そ

- そう / 상대방의 말을 수긍하는 뜻. (そうです 그렇습니다)
- そうじ　掃除 / 청소
- そうして・そして / 그리하여, 그래서, 그리고
- そこ / 거기, 그곳
- そちら / 그쪽
- そと　外 / 바깥, 밖
- その / 그, 그것
- そば　側・傍 / 옆, 곁
- そら　空 / 하늘
- それ / 그것
- それから / 그 다음에, 그리하여, 그리고
- それでは / 그러면, 그럼, 그렇다면

☰ た

- ～だい　台 / ～대
- だいがく　大学 / 대학
- たいしかん　大使館 / 대사관
- だいじょうぶ　大丈夫 / 안전함, 괜찮음
- だいすき　大好き / 매우 좋아함
- たいせつ　大切 / 중요함, 필요함, 소중함
- たいてい　大抵 / 대강, 대개, 대부분, 대체로

- だいどころ　台所 / 부엌
- たいへん　大変 / 매우, 몹시, 힘듦, 고생스러움
- たかい　高い / 높다, 비싸다
- たくさん　沢山 / 많음
- タクシー / 택시
- だす　出す / 밖으로 내다, 내밀다, 나타내다, 드러내다
- ～たち　達 / 복수를 나타냄. ～들
- たつ　立つ / 서다
- たてもの　建物 / 건물
- たのしい　楽しい / 즐겁다
- たのむ　頼む / 의지하다, 부탁하다
- たばこ　煙草 / 담배
- たぶん　多分 / 아마, 대개
- たべもの　食べ物 / 먹을 것
- たべる　食べる / 먹다
- たまご　卵 / 달걀, 새 등의 알
- だれ　誰 / 누구
- たんじょうび　誕生日 / 생일
- だんだん / 하나하나, 여러 가지, 점점, 차차

≡≡ ち

- ちいさい　小さい / 작다
- ちかい　近い / 가깝다
- ちがう　違う / 다르다, 틀리다
- ちかく　近く / 가까운 곳, 근처
- ちかてつ　地下鉄 / 지하철
- ちず　地図 / 지도
- ちち　父 / 아버지
- ちゃいろ　茶色 / 갈색
- ちゃわん　茶碗 / 찻잔, 밥공기
- ～ちゅう　～中 / ～(하는) 중
- ちょうど / 마침, 바로, 꼭 알맞게
- ちょっと / 잠깐, 잠시

☷ つ

- ついたち　一日 / 1일
- つかう　使う / 쓰다, 사용하다
- つかれる　疲れる / 기력이 쇠하다, 지치다, 피곤하다
- つぎ　次 / 다음
- つく　着く / 다다르다, 도착하다, 닿다
- つくえ　机 / 책상
- つくる　作る / 만들다
- つける / 켜다
- つとめる　勤める / 근무하다, 일하다
- つまらない / 재미없다, 따분하다, 지루하다
- つめたい　冷たい / 차갑다, 냉정하다
- つよい　強い / 강하다

☷ て

- て　手 / 손
- テープ / 테이프
- テープレコーダー / 테이프 레코더
- テーブル / 테이블
- でかける　出かける / 나가다, 떠나다, 외출하다
- てがみ　手紙 / 편지
- できる / 가능하다, 할 수 있다
- でぐち　出口 / 출구
- テスト / 테스트, 시험
- では / 그렇다면, 그러면, 그럼
- デパート / 백화점
- でも / 그러나, 하지만
- でる　出る / 나가다, 겉으로 나가다
- テレビ / 텔레비전
- てんき　天気 / 날씨
- でんき　電気 / 전기
- でんしゃ　電車 / 전차
- でんわ　電話 / 전화

≡≡ と

- と　戸 / 문, 대문
- ～ど　度 / ～번
- ドア / 문
- トイレ / 화장실
- どう / 어떻게
- どうして / 어떻게, 왜, 어째서
- どうぞ / 아무쪼록, 부디, 제발
- どうぶつ　動物 / 동물
- どうも / 아무리 해도, 전혀, 도무지, 정말, 참, 매우
- とお　十 / 10
- とおい　遠い / 멀다
- とおか　十日 / 10일
- ときどき　時々 / 때때로, 이따금
- とけい　時計 / 시계
- どこ / 어디, 어느 곳
- ところ　所 / 곳, 장소, 위치
- としょかん　図書館 / 도서관
- どちら / 어느 쪽, 어느 것
- とても / 매우, 대단히
- どなた / 어느 분
- となり　隣 / 옆, 이웃
- どの / 어느
- とぶ　飛ぶ / 날다
- とまる　止まる / 멈추다, 그치다
- ともだち　友達 / 친구
- どようび　土曜日 / 토요일
- とり　鳥 / 새, 닭
- とりにく　鶏肉 / 닭고기
- とる　取る / 쥐다, 잡다, 취하다
- とる　撮る / (사진을) 찍다
- どれ / 어느 쪽, 어느 것
- どんな / 어떤

☰ な

- ない / 없다
- ナイフ / 나이프, 칼
- なか　中 / 가운데, 안쪽, 중간
- ながい　長い / 길다
- なく　泣く / 울다
- なく　鳴く / (새, 짐승, 벌레 따위가) 울다
- なつ　夏 / 여름
- なつやすみ　夏休み / 여름방학, 여름휴가
- など　等 / 따위, 등
- ななつ　七つ / 일곱
- なに·なん　何 / 무엇
- なのか　七日 / 7일
- なまえ　名前 / 이름
- ならう　習う / 배우다, 익히다
- ならぶ　並ぶ / 줄을 서다, 늘어서다
- ならべる　並べる / 한 줄로 늘어놓다, 비교하다
- なる / 되다, 변화하다

☰ に

- に　二 / 2
- にぎやか / 번화함
- にく　肉 / 고기
- にし　西 / 서쪽
- ～にち　日 / ～일
- にちようび　日曜日 / 일요일
- にもつ　荷物 / 짐, 수하물
- ニュース / 뉴스
- にわ　庭 / 정원, 뜰
- ～にん　～人 / ～명

☰ ぬ

- ぬぐ　脱ぐ / 벗다

≡≡ ね

- ネクタイ / 넥타이
- ねる　寝る / 자다, 눕다
- ～ねん　年 / ～년

≡≡ の

- ノート / 노트, 공책
- のぼる　登る / 높은 곳에 오르다
- のみもの　飲み物 / 마실 것, 음료수
- のむ　飲む / 마시다
- のる　乗る / 타다, 오르다

≡≡ は

- は　歯 / 이, 이빨, 치아
- パーティー / 파티
- はい / 네(대답)
- ～はい　～杯 / ～잔
- はいざら　灰皿 / 재떨이
- はいる　入る / 들어가다
- はがき　葉書 / 엽서
- はく　穿く・履く / (바지를) 입다, (신발을) 신다
- はこ　箱 / 상자
- はし　橋 / 다리
- はし　箸 / 젓가락
- はじまる　始まる / 시작되다
- はじめ　始め・初め / 처음, 시작
- はじめて　始めて / 처음으로
- はしる　走る / 달리다
- バス / 버스
- バター / 버터
- はたち　二十歳 / 20살
- はたらく　働く / 일하다
- はち　八 / 8

- はつか　二十日 / 20일
- はな　花 / 꽃
- はなし　話 / 이야기
- はなす　話す / 이야기하다
- はは　母 / 어머니, 엄마
- はやい　早い / (시간적으로) 빠르다, 이르다
- はやい　速い / (속도, 동작이) 빠르다
- はる　春 / 봄
- はる　貼る / 붙이다
- はれる　晴れる / 날씨가 개다, 맑다
- はん　半 / 반, 절반
- ばん　晩 / 밤
- ～ばん　～番 / ～번, ～등
- パン / 빵
- ハンカチ / 손수건
- ばんごう　番号 / 번호
- ばんごはん　晩御飯 / 저녁식사
- はんぶん　半分 / 반, 절반

☰ ひ

- ひがし　東 / 동쪽
- ～ひき　～匹 / ～마리
- ひく　引く / 끌다, 끌어들이다, 꾀다, 빼다
- ひく　弾く / (악기를) 연주하다
- ひくい　低い / 낮다
- ひこうき　飛行機 / 비행기
- ひだり　左 / 왼쪽
- ひと　人 / 사람
- ひとつ　一つ / 하나
- ひとつき　一月 / 한 달
- ひとり　一人 / 한 명, 한 사람
- ひま　暇 / 한가, 여가, 틈, 시간
- ひゃく　百 / 100
- びょういん　病院 / 병원
- びょうき　病気 / 병

- ひらがな　平仮名 / 히라가나
- ひる　昼 / 낮
- ひるごはん　昼御飯 / 점심식사
- ひろい　広い / 넓다

☰ ふ

- フィルム / 필름
- ふうとう　封筒 / 봉투
- プール / 수영장, 풀장
- フォーク / 포크
- ふく　吹く / (바람이) 불다, 입으로 불다
- ふく　服 / 옷
- ふたつ　二つ / 둘, 두 개
- ぶたにく　豚肉 / 돼지고기
- ふたり　二人 / 두 명, 두 사람
- ふつか　二日 / 2일
- ふとい　太い / 뚱뚱하다, 두껍다
- ふゆ　冬 / 겨울
- ふる　降る / (비, 눈 등이) 내리다
- ふるい　古い / 낡다, 오래되다
- ふろ　風呂 / 도욕, 욕조, 목욕탕
- ～ふん　～分 / ～분

☰ へ

- ページ / 페이지
- へた　下手 / 서투름
- ベッド / 침대
- へや　部屋 / 방
- ペン / 펜
- べんきょう　勉強 / 공부
- べんとう　弁当 / 도시락
- べんり　便利 / 편리

ほ

- ほう　方 / ～쪽
- ぼうし　帽子 / 모자
- ボールペン / 볼펜
- ほか　外 / 다른 곳, 그 외
- ポケット / 주머니, 포켓
- ほしい　欲しい / 가지고 싶다, 탐나다, 필요하다
- ほそい　細い / 가늘다, 좁다
- ボタン / 버튼, 단추
- ホテル / 호텔
- ほん　本 / 책
- ～ほん　～本 / ～자루, ～개비(막대 모양의 것을 세는 말)
- ほんだな　本棚 / 책장, 책꽂이
- ほんとうに　本当に / 정말로

ま

- ～まい～枚 / ～장
- まいあさ　毎朝 / 매일 아침
- まいげつ·まいつき　毎月 / 매월, 매달
- まいしゅう　毎週 / 매주
- まいにち　毎日 / 매일
- まいねん·まいとし　毎年 / 매년, 매해
- まいばん　毎晩 / 매일 밤
- まえ　前 / 앞, 정면, 먼저, 이전
- ～まえ　～前 / ～인분
- まがる　曲がる / 구부러지다, 방향을 바꾸다, 기울다
- まずい / 맛이 없다, 서투르다, 형편이 좋지 않다
- また / 또, 다시
- まだ / 아직
- まち　町·街 / 도시, 마을, 거리
- まつ　待つ / 기다리다
- まっすぐ / 똑바로, 곧장
- マッチ / 성냥
- まど　窓 / 창, 창문

- まるい　丸い·円い / 둥글다, 원만하다
- まん　万 / 만
- まんねんひつ　万年筆 / 만년필

☰ み

- みがく　磨く / 닦다
- みぎ　右 / 오른쪽
- みじかい　短い / 짧다
- みず　水 / 물
- みせ　店 / 가게
- みせる　見せる / 보여주다
- みち　道 / 길, 도로
- みっか　三日 / 3일
- みっつ　三つ / 셋, 세 개
- みなさん　皆さん / 여러분
- みなみ　南 / 남쪽
- みみ　耳 / 귀
- みる　見る / 보다
- みんな　皆 / 모두, 전부

☰ む

- むいか　六日 / 6일
- むこう　向こう / 맞은편, 건너편
- むずかしい　難しい / 어렵다
- むっつ　六つ / 여섯

☰ め

- め　目 / 눈
- メートル / 미터
- めがね　眼鏡 / 안경

☰ も

- もう / 이미, 벌써, 이제, 더, 한층

- もくようび　木曜日 / 목요일
- もしもし / 여보세요
- もちろん / 물론
- もつ　持つ / 쥐다, 들다, 가지다
- もっと / 더욱, 더
- もの　物 / 물건
- もん　門 / 문
- もんだい　問題 / 문제

≡≡ や

- ～や　～屋 / ～가게
- やおや　八百屋 / 야채가게
- やさい　野菜 / 야채, 채소
- やさしい　易しい / 쉽다, 간단하다
- やすい　安い / 싸다
- やすみ　休み / 쉼, 휴식, 휴가
- やすむ　休む / 쉬다
- やっつ　八つ / 여덟
- やま　山 / 산
- やる / 하다

≡≡ ゆ

- ゆうがた　夕方 / 저녁 때
- ゆうびんきょく　郵便局 / 우체국
- ゆうべ　昨夜 / 어젯밤
- ゆうめい　有名 / 유명
- ゆき　雪 / 눈
- ゆっくり(と) / 천천히, 느릿느릿

≡≡ よ

- ようか　八日 / 8일
- ようふく　洋服 / 양복
- よく / 자주, 잘

- よこ　横 / 가로, 곁, 옆
- よっか　四日 / 4일
- よっつ　四つ / 넷
- よぶ　呼ぶ / 부르다
- よむ　読む / 읽다
- よる　夜 / 밤

ら

- らいげつ　来月 / 다음 달
- らいしゅう　来週 / 다음 주
- らいねん　来年 / 내년
- ラジオ / 라디오

り

- りっぱ　立派 / 뛰어남, 훌륭함
- りゅうがくせい　留学生 / 유학생
- りょうしん　両親 / 양친, 부모
- りょうり　料理 / 요리
- りょこう　旅行 / 여행

れ

- れい　零 / 0
- れいぞうこ　冷蔵庫 / 냉장고
- レコード / 레코드
- レストラン / 레스토랑
- れんしゅう　練習 / 연습

ろ

- ろく　六 / 6

☰☰ わ

- ワイシャツ / 와이셔츠
- わかい　若い / 젊다, 어리다
- わかる　分かる / 알다, 이해하다
- わすれる　忘れる / 잊다, 망각하다
- わたくし　私 / 나, 저(わたし의 좀 더 격식을 차린 말)
- わたし　私 / 나, 저
- わたす　渡す / 건네다, 넘기다, 주다
- わたる　渡る / 건너다, 지나가다, 통과하다
- わるい　悪い / 나쁘다, 좋지 않다

5. 일본어 노래

世界に一つだけの花 －SMAP－

花屋の店先に並んだ
いろんな花をみていた
人それぞれ好みはあるけど
どれもみんなきれいだね
この中で誰が一番だなんて
争う事もしないで
バケツの中誇らしげに
しゃんと胸を張っている

꽃가게 앞에 늘어선
여러 꽃들을 보고 있었어
사람마다 취향은 다르겠지만
전부 예쁘구나
이 중에 누가 제일 예쁜지
다투지도 않고
양동이 안에서 자랑스럽게
가슴을 활짝 펴고 있어

それなのに僕ら人間は
どうしてこうも比べがる?
一人一人違うのにその中で
一番になりたがる？

그런데 우리 인간은
어째서 이렇게나 비교하는 걸까?

한 사람 한 사람이 서로 다른데 그중에서
최고가 되고 싶어하는 걸까?

そうさ　僕らは
世界に一つだけの花
一人一人違う種を持つ
その花を咲かせることだけに
一生懸命になればいい

그래, 우리는
세상에 한 송이뿐인 꽃
한 사람 한 사람 서로 다른 씨앗을 가지고 있어
그 꽃을 피우는 데에만
노력하면 되는 거야

困ったように笑いながら
ずっと迷ってる人がいる
頑張って咲いた花はどれも
きれいだから仕方ないね
やっと店から出てきた
その人が抱えていた
色とりどりの花束と
うれしそうな横顔

난처하다는 듯이 웃으며
계속 고민하는 사람이 있어
열심히 피어난 꽃은 모두들
예쁘니까 어쩔 수 없지
가까스로 가게에서 나온

그 사람이 품에 안고 있던
색색의 꽃다발과
기뻐 보이는 옆얼굴

名前も知らなかったけれど
あの日僕に笑顔をくれた
誰も気づかないような場所で
咲いていた花のように

이름조차 몰랐지만
그날 내게 미소를 주었지
아무도 모르는 장소에
피어 있던 꽃과 같이

そうさ　僕らも
世界に一つだけの花
一人一人違う種を持つ
その花を咲かせることだけに
一生懸命になればいい

그래, 우리는
세상에 한 송이뿐인 꽃
한 사람 한 사람 서로 다른 씨앗을 가지고 있어
그 꽃을 피우는 데에만
노력하면 되는 거야

小さい花や大きな花
一つとして同じものはないから
NO. 1 にならなくてもいい

もともと特別な　Only one

작은 꽃, 큰 꽃
어느 것 하나 똑같은 것은 없으니까
No.1이 되지 못해도 좋아
처음부터 특별한 Only one

世界中の誰よりきっと －中山美穂＆WANDS－

まぶしい季節が 黄金色に街を染めて
君の横顔 そっと包んでた
またぐり逢えたのも きっと偶然じゃないよ
心のどこかで 待ってた

눈부신 계절이 금빛으로 거리를 물들이고
그대의 옆얼굴을 부드럽게 감싸고 있었지
다시 만나게 된 것도 분명 우연이 아니야
마음속 어딘가에서 기다리고 있었던 거야

世界中の誰よりきっと 熱い夢見てたから
目覚めてはじめて気づく つのる想いに
世界中の誰よりきっと 果てしないその笑顔
ずっと抱きしめていたい 季節を越えていつでも

세상의 그 누구보다도 분명 뜨거운 꿈을 꾸고 있었으니까
눈을 뜨고서 처음으로 알게 되는 벅찬 마음에
세상의 그 누구보다도 분명 무한한 그 웃음을
계속 끌어안고 있고 싶어 계절을 넘어 언제라도

言葉の終わりを いつまでも探している
君の眼差し 遠く見つめてた
そう本気の数だけ 涙見せたけど
許してあげたい 輝きを

마지막 말을 언제까지나 찾고 있는
그대의 눈빛 멀리서 바라보고 있었어
그래, 진심의 수만큼 눈물도 보였지만
용서하고 싶은 그 빛을

世界中の誰よりきっと 熱い夢見てたから
目覚めてはじめて気づく つのる想いに
世界中の誰よりきっと 果てしないその笑顔
ずっと抱きしめていたい 季節を越えていつでも

세상의 그 누구보다도 분명 뜨거운 꿈을 꾸고 있었으니까
눈을 뜨고서 처음으로 알게 되는 벅찬 마음에
세상의 그 누구보다도 분명 무한한 그 웃음을
계속 끌어안고 있고 싶어 계절을 넘어 언제라도

世界中の誰よりきっと 優しい気持ちになる
目覚めてはじめて気づく はかない愛に
世界中の誰よりきっと 胸に響く鼓動を
ずっと抱きしめていたい 季節を越えていつでも
ずっと抱きしめていたい 季節を越えていつでも

세상의 그 누구보다도 분명 상냥한 마음이 들겠지
눈을 뜨고서 처음으로 알게 되는 덧없는 사랑에
세상의 그 누구보다도 분명 가슴에 울려 퍼지는 고동을

계속 끌어안고 있고 싶어 계절을 넘어 언제라도
계속 끌어안고 있고 싶어 계절을 넘어 언제라도

愛唄 －Greeeen－

「ねえ´ 大好きな君へ」笑わないで聞いてくれ
「愛してる」だなんてクサいけどね
だけどこの言葉以外伝える事が出来ない
ほらね!また馬鹿にして笑ったよね

「정말 좋아하는 그대에게」 웃지 말고 들어 줘
「사랑」한다는 말은 멋쩍지만
하지만 이 말이 아니면 전할 수 없어
거봐! 또 바보 취급하면서 웃었지

君の選んだ人生は僕で良かったのか?
なんて分からないけど、、、

그대가 고른 인생은 나로 괜찮았던 건지
그런 건 잘 모르겠지만

ただ 泣いて 笑って 過ごす日々に
隣に立って居れることで
僕が生きる意味になって
君に捧ぐこの愛の唄

그저 울고, 웃으며 보내는 하루하루에
옆에 서 있을 수 있다는 것만으로도

내가 살아가는 의미가 되네

그대에게 바치는 사랑의 노래

「ねえ´ あの日の僕ら何の話しをしてた?」
初めて逢った日によそよそしく
あれから色々あって 時にはケンカもして
解りあうためのトキ過したね

「저기, 그날 우리 무슨 이야기를 했지?」
처음 만난 날은 서먹서먹했고
이후로 여러 일들이 있었고 때로는 싸우기도 하면서
서로를 이해하기 위한 시간을 보냈지

この広い 僕らの空の下 出逢って恋をしていつまでも
이 넓은 우리의 하늘 아래서 만나고 사랑을 하고 언제까지나

ただ 泣いて 笑って 過す日々に
隣に立って居れることで
君と生きる意味になって
君に捧ぐこの愛の唄

그저 울고, 웃으며 보내는 하루하루에
옆에 서 있을 수 있다는 것만으로도
그대와 살아가는 의미가 되네
그대에게 바치는 이 사랑의 노래

いつも迷惑をかけてゴメンネ
密度濃い時間を過したね

僕ら2人 日々を刻み
作り上げてきた想いつのり
ヘタクソな唄を君に贈ろう
めちゃくちゃ好きだと神に誓おう!
これからも君の手握ってるよ

항상 신세만 져서 미안해
밀도 높은 시간을 보냈구나
우리 두 사람 매일을 세기며
만들어 온 마음이 북받쳐
어설픈 노래를 그대에게 바치리
너무 좋아한다고 신에게 맹세하리!
앞으로도 그대의 손을 잡고 있을게

僕の声が 続く限り
隣でずっと 愛を唄うよ
歳をとって 声が枯れてきたら
ずっと 手を握るよ

내 목소리가 계속되는 한
곁에서 계속 사랑을 노래할게
나이를 먹고 목이 잠긴다면
계속 손을 잡을게

ただアリガトウじゃ伝えきれない
「泣き」「笑い」「悲しみ」「喜び」を 共に分かち合い生きて行こう!
いくつもの夜を越えて
僕は君と「愛」を唄おう

그저 「고마워」라는 말만으로는 전할 수 없는
「울음」, 「웃음」, 「슬픔」, 「기쁨」을 함께 나누며 살아가자!
수많은 밤을 넘어
나는 그대와 「사랑」을 노래하리라

Endscape －Uverworld－

ねぇ答えはないよ 今日の景色を 忘れない様にと 僕は息を止めるんだ
정답이란 없어 오늘의 경치를 잊지 않도록 나는 숨을 멈추네

昔の経験に足を取られて 在りもしない壁を自分で作ってたんだ
大事にしすぎると壊れていきそうで かけがえない物を作るのが怖かった
예전의 경험에 발목을 잡혀서 있지도 않은 벽을 스스로 만들고 있었네
너무 소중히 하면 부서질 것 같아서 가장 소중한 것을 만들기가 무서웠네

僕たちはこの世界に永く生き過ぎたのかな
우리는 이 세상에서 너무 오래 살았던 것일까

ねぇ答えはないよ 今日の景色を 忘れない様にと 僕は息を止めた
与えもしないのに求めすぎていたんだろう 時に過ちが僕の心を試す
見上げた夜空 叶えたい未来を 開く瞳に強く映し出す

정답이란 없어 오늘의 경치를 잊지 않도록 나는 숨을 멈추네
주어지지도 않을 것을 너무 바랐던 것이겠지 때로는 과오가 내 마음을 시험하네
올려다 본 밤하늘 이루고 싶은 미래를 열리는 눈동자에 강하게 비추네

昔の自分に 偶然逢って あの頃を思い出してたんだ
明日を浮かべながら 寝静まった町の
ベランダから見る景色は同じなのに

예전의 자신을 우연히 만나 그 시절을 회상했네
내일을 떠올리며 조용히 잠든 거리를
베란다에서 내다보는 경치는 그대로인데

生きるほどに見えなくなる 素直な本当の気持ちが
綺麗な物ばっか並べても悲しくなるだけだった

살아갈수록 보이지 않게 되는 순수한 진심이
보기 좋은 것만 늘어놓아도 슬퍼질 뿐이었네

ねぇ足りない物を 嘆くだけの僕らは 創ろうとはせず 膝を抱えてるだけで
この先になりたい 自分を描いたら
今するべきことが見えるから

부족한 것을 한탄하기만 하는 우리는 창조하려 하지도 않고 무릎을 끌어안을 뿐이고
앞으로 되고 싶은 자신을 그렸다면
지금 해야 할 일이 무엇인지 보일 테니까

太陽の呼ぶ声に 目が覚めた 昨日の
赤い海を飲み干して青に変えて行く
キラキラ光る時間の針の上
風に逆らう雪を 明日の自分に
重ねて行く

태양이 부르는 소리에 눈을 뜬 어제의
붉은 바다를 모두 마셔 파랗게 바꾸어 가네

반짝반짝 빛나는 시간의 바늘 위
바람을 거스르는 눈을 내일의 나에게
덧씌워가네

遮(さえぎ)るものが 多(おお)すぎるんだよ
ここに立(た)ってるだけじゃきっと

가로막는 것들이 너무 많아
여기에 서 있는 것만으로는 아마

ねぇ答(こた)えはないよ 今日(きょう)の景色(けしき)を 忘(わす)れない様(よう)にと僕(ぼく)は息(いき)を止(と)めた
与(あた)えもしないのに求(もと)めすぎてたんだろう 時(とき)に過(あやま)ちが僕(ぼく)の心(こころ)を試(ため)す

정답이란 없어 오늘의 경치를 잊지 않도록 나는 숨을 멈추네
주어지지도 않을 것을 너무 바랐던 것이겠지 때로는 과오가 내 마음을 시험하네

5年先(ごねんさき) なりたい自分(じぶん)を描(えが)いたら
今(いま)するべきことが見(み)えてくるだろ
見上(みあ)げた夜空(よぞら) 叶(かな)えたい未来(みらい)を 開(ひら)く瞳(ひとみ)に強(つよ)く映(うつ)し出(だ)す

5년 뒤에 되고 싶은 자신을 그려냈다면
지금 해야 할 일이 보이겠지
올려다 본 밤하늘 이루고 싶은 미래를 열리는 눈동자에 강하게 비추네

D－tecnoLife －Uverworld－

癒えない 痛み 悲しみで キズついた 君よ
消せない過去も背負いあっていこう 生きる事を投げ出さないで

치유되지 않는 아픔과 슬픔으로 상처받은 그대여
지울 수 없는 과거도 함께 짊어지고 가자 삶을 포기하지 말아줘

つないだ君の手を

마주잡은 그대의 손을

いつか失ってしまうのかな
薄れていく 笑顔と君を守りたいから
響く僕を呼ぶ声さえ枯れ
時に沿う風にかき消されたって
君を見つけ出す

언젠가는 잃고 마는 것일까
희미해져 가는 미소와 그대를 지키고 싶으니까
울려 퍼지던, 나를 부르는 목소리마저 시들어
때로는 불어오는 바람에 지워진다 해도
그대를 찾아내리라

癒えない 痛み 悲しみで キズついた 君
もう笑えないなんて 人嫌いなんて 言葉そう言わないで
見えない未来に起こる事 全てに意味があるから
今はそのままでいい きっと気づける 時が来るだろ
錆びきった人のように

치유되지 않는 아픔과 슬픔으로 상처받은 그대
더는 웃을 수 없다고, 사람이 싫다고, 그런 말은 하지 말아줘
보이지 않는 미래에 일어날 모든 일에 의미가 있으니까
지금은 그대로도 좋아 분명 알게 될 날이 올 테지

重なり合うだけが虚しくて
一人で生きて行けるって言ってた
ありふれたやさしさ言葉じゃ
今はもう届かないほどに 君は疼きだす

거듭되기만 하는 것이 허무해서
홀로 살아갈 수 있다고 말했지
흔해 빠진 상냥함, 말로는
지금은 이미 닿지 않을 정도로 그대는 아파하고 있어

つないだ君の手は なにげないやさしさを求め
Do you remember
痛みを知る事で 人に優しくなれるから
Drive your Life

맞잡은 그대의 손은 아무렇지 않은 상냥함을 바라고 있네
Do you remember
아픔을 알게 되면 남에게 상냥해질 수 있으니까
Drive your Life

癒えない 痛み 悲しみで キズついた 君
もう笑えないなんて 人嫌いなんて 言葉そう言わないで
見えない未来に起こる事 全てに意味があるから

今はそのままでいい きっと気づける 時が来るだろ

치유되지 않는 아픔과 슬픔으로 상처받은 그대
더는 웃을 수 없다고, 사람이 싫다고, 그런 말은 하지 말아줘
보이지 않는 미래에 일어날 모든 일에 의미가 있으니까
지금은 그대로도 좋아 분명 알게 될 날이 올테지

How can I see the meaning of life
消えてく you're the only…

How can I see the meaning of life
사라져 가는 you're the only…

こわれないようにと 離れていく 君
もう笑えないなんて 人嫌いなんて 言葉そう言わないで
今は by and by 見え無くったって 全てに意味があるから
消せない過去も背負い合ってこう 生きる事を投げ出さないで

부서지지 않도록 멀어져 가는 그대
더는 웃을 수 없다고, 사람이 싫다고, 그런 말은 하지 말아줘
지금은 by and by 보이지 않는다 해도 모든 것에 의미가 있으니까
지울 수 없는 과거도 함께 짊어지고 가자 삶을 포기하지 말아줘

You'd better forget everything. Remember…your different Life?
You'd better forget everything. Remember…戻らないけど

You'd better forget everything. Remember…your different Life?
You'd better forget everything. Remember…돌아오지 않지만

歪んだ記憶のような 時の中でいつか解りあえるから

뒤틀린 기억 같은 시간 속에서 언젠가 이해할 수 있으니까

Believe －Ai－

どこか遠くで声がきこえる
暗闇の中で名前を呼ぶ方へ
向かっても何も見えないとき
ただヒザかかえうずくまってた
不安と孤独おそうこの場所から
やさしく手にぎって連れ出してくれた

어딘가 먼 곳에서 목소리가 들려
어둠 속에서 이름을 부르는 쪽으로
향해도 아무것도 보이지 않을 때
그저 무릎을 끌어안고 웅크리고 있었지
불안과 고독이 덮쳐오는 이 장소에서
부드럽게 손을 잡고 끌어내 주었지

光のさしこむ方へと 今 歩き出す
守るものがあるから 強くなれる
どんな痛みも どんな悩みも きっと受け入れられる
だから大丈夫 アナタの声は聞えてるから

빛이 드는 쪽으로 지금 걸어가네
지켜야 할 것이 있으니 강해질 수 있어
어떤 아픔도 어떤 고민도 분명 받아들일 수 있을 거야
그러니 괜찮아 당신의 목소리는 들리고 있으니까

今までずっと分からなかった
アナタがくれた 信じる力
この願いも届く気がする
両手をあわせ ただ祈ってた
人は傷つくコトもあるけれど
すぐにまた笑えるトキが来るから

지금까지 계속 몰랐었지
당신이 준 믿음의 힘
이 바람도 닿을 것만 같아
두 손을 모아 그저 빌고만 있었지
사람은 상처 받을 때도 있지만
금세 다시 웃을 때가 오니까

光のさしこむ方へと 今 歩き出す
守るものがあるから 強くなれる
どんな痛みも どんな悩みも きっと受け入れられる
だから大丈夫 アナタの声は聞えてるから
もしもアナタが弱ってる時は
かわりに私が強くなるから 心配いらないよ

빛이 드는 쪽으로 지금 걸어가네
지켜야 할 것이 있으니 강해질 수 있어
어떤 아픔도 어떤 고민도 분명 받아들일 수 있을 거야
그러니 괜찮아 당신의 목소리는 들리고 있으니까
만약 당신이 약해져 있을 때에는
내가 대신 강해질 테니까 걱정하지 마

光のさしこむ方へと 一緒に歩こう
守るものがあるから 生きていける
キミの痛みも どんな悩みも 全部 吹き飛ばしてあげる
もう泣かないで アナタの声は

빛이 드는 쪽으로 함께 걸어가자
지켜야 할 것이 있으니 살아갈 수 있어
그대의 아픔도 어떤 고민도 전부 날려 보내줄게
이제는 울지 말아줘 당신의 목소리는

光のさしこむ方へと 一緒に歩こう
守るものがあるから 生きていける
キミの痛みも どんな悩みも 全部 吹き飛ばしてあげる
もう泣かないで アナタの声は聞こえてる

빛이 드는 쪽으로 함께 걸어가자
지켜야 할 것이 있으니 살아갈 수 있어
그대의 아픔도 어떤 고민도 전부 날려 보내줄게
이제는 울지 말아줘 당신의 목소리는 들리고 있어

桜 −コブクロ−

名もない花には名前を付けましょう この世に一つしかない
冬の寒さに打ちひしがれないように 誰かの声でまた起き上がれるように

이름 없는 꽃에는 이름을 붙여요 이 세상에 하나뿐인
겨울의 추위에 꺾여 넘어지더라도 누군가의 목소리에 다시 일어설 수 있도록

土の中で眠る命のかたまり　アスファルト押しのけて
会うたびにいつも　会えない時の寂しさ
分けあう二人　太陽と月のようで

흙 속에 잠드는 생명이 아스팔트를 밀어내고
만날 때마다 언제나 만나지 못할 때의 외로움을
서로 나누는 두 사람 태양과 달과 같아서

実のならない花も　蕾のまま散る花も
あなたと誰かのこれからを　春の風を浴びて見てる

열매를 맺지 못하는 꽃도, 피지 못하고 떨어지는 꽃도
당신과 누군가의 미래를 봄바람을 맞으며 보고 있네

桜の花びら散るたびに　届かぬ思いがまた一つ
涙と笑顔に消されてく　そしてまた大人になった
追いかけるだけの悲しみは　強く清らかな悲しみは
いつまでも変わることの無い
無くさないで　君の中に　咲く　Love…

벚꽃잎 떨어질 때마다 닿지 않는 마음이 또 하나
눈물과 미소에 지워져 가네 그리고 또 한 걸음 어른이 되었네
뒤쫓기만 하는 슬픔은, 강하고 청아한 슬픔은
언제까지나 변함없이
잃지 말아줘요 그대 안에 피어나는 Love…

街の中見かけた君は寂びしげに　人ごみに紛れてた
あの頃の　澄んだ瞳の奥の輝き　時の早さに汚されてしまわぬように

거리에서 발견한 그대는 쓸쓸히 인파 속에 있었네
그 시절의 맑았던 눈동자 깊은 곳의 빛, 빠르게 흘러가는 시간에 더럽혀지지 않도록

何(なに)も話(はな)さないで　言葉(ことば)にならないはずさ
流(なが)した涙(なみだ)は雨(あめ)となり　僕(ぼく)の心(こころ)の傷(きず)いやす

아무 말도 하지 않으면, 말로 전해지지 않는 거지
흘린 눈물은 비가 되어 내 마음의 상처를 치유하네

人(ひと)はみな　心(こころ)の岸辺(きしべ)に　手放(てばな)したくない花(はな)がある
それはたくましい花(はな)じゃなく　儚(はかな)く揺(ゆ)れる　一輪花(いちりんか)
花(はな)びらの数(かず)と同(おな)じだけ　生(い)きていく強(つよ)さを感(かん)じる
嵐(あらし)　吹(ふ)く　風(かぜ)に打(う)たれても　やまない雨(あめ)はないはずと

사람은 모두 마음의 해안가에 놓치고 싶지 않은 꽃이 있어
그것은 강한 꽃이 아니라 덧없이 흔들리는 해바라기
꽃잎의 수만큼 살아가는 강함을 느끼네
돌풍, 불어오는 바람을 맞더라도 그치지 않는 비는 없을 거라고

桜(さくら)の花(はな)びら散(ち)るたびに　届(とど)かぬ思(おも)いがまた一(ひと)つ
涙(なみだ)と笑顔(えがお)に消(け)されてく　そしてまた大人(おとな)になった
追(お)いかけるだけ

벚꽃잎 떨어질 때마다 닿지 않는 마음이 또 하나
눈물과 미소에 지워져 가네 그리고 또 한 걸음 어른이 되었네
그저 뒤좇아 갈 뿐이네

粉雪 ーレミオロメンー

粉雪舞う季節はいつもすれ違い
人混みに紛れても同じ空見てるのに
風に吹かれて　似たように凍えるのに

싸리눈 내리는 계절에는 언제나 엇갈리고
인파 속에 있어도 같은 하늘을 보고 있는데
바람을 맞으며 얼어붙는 것은 마찬가지인데

僕は君の全てなど知ってはいないだろう
それでも一億人から君を見つけたよ
根拠はないけど本気で思ってるんだ

내가 그대의 모든 것을 알고 있지는 않겠지
그래도 1억 명 중에서 그대를 찾아냈어
근거는 없지만 진심으로 생각하고 있어

些細な言い合いもなくて同じ時間を生きてなどいけない
素直になれないなら 喜びも悲しみも虚しいだけ

사소한 말다툼조차 없이 같은 시간을 보낼 수는 없어
솔직해질 수 없다면 기쁨도 슬픔도 허무할 뿐이지

粉雪 ねえ 心まで白く染められたなら
二人の孤独を分け合う事が出来たのかい

싸리눈이여 마음까지 희게 물들일 수 있다면
두 사람의 고독을 나눌 수 있었겠니

僕は君の心に耳を押し当てて
その声のする方へすっと深くまで
下りてゆきたい そこでもう一度会おう

나는 그대의 마음에 귀를 대고
그 목소리가 들리는 쪽으로 저 깊은 곳까지
내려가고 싶어 그곳에서 다시 만나자

分かり合いたいなんて 上辺を撫でていたのは僕の方
君のかじかんだ手も 握りしめることだけで繋がってたのに

서로를 이해하고 싶다는 그럴싸한 소리만 한 것은 나
그대의 곱은 손도 마주잡는 것만으로도 이어져 있었는데

粉雪 ねえ 永遠を前にあまりに脆く
ざらつくアスファルトの上シミになってゆくよ

싸리눈이여 영원을 앞에 두니 너무도 연약하네
거친 아스팔트 위 얼룩이 되어가네

粉雪 ねえ 時に頼りなく心は揺れる
それでも僕は君のこと守り続けたい

싸리눈이여 때때로 미덥지 못한 마음은 흔들리네
그래도 나는 그대를 계속 지키고 싶어

粉雪 ねえ 心まで白く染められたなら
二人の孤独を包んで空にかえすから

싸리눈이여 마음까지 희게 물들일 수 있다면
두 사람의 고독을 감싸 하늘로 돌려보낼 테니까

I、愛、会い －ghostnote－

僕らが勘違いしたアイデンティティーは
どうでもいい常識に揉み消された
春はもうすぐそこまで来てるというのに
マイナス2度　心のエグいところまで異常気象

우리가 착각하고 있던 아이덴티티는
아무래도 좋은 상식에 지워져 있었지
봄은 이미 가까이에 와 있는데
영하 2도 마음 속 얼얼한 곳까지 이상기후

世界中どこ探しても　地平線から地平線まで
本当の愛なんて　見つからないと思ってた

세상 어디를 찾아봐도 지평선에서 지평선까지
진정한 사랑 따위 찾을 수 없을 거라 생각했었지

誰も誰もいないこの部屋から　扉開けてどこまででも
君からもらった勇気で　よりどりみどり
全てが堕ちてきそうな時には　祈りにも似た思い空に描いて
永遠に続く景色

아무도, 아무도 없는 이 방에서 문을 열고 어디까지라도
너에게 받은 용기에서 마음대로 골라잡아서

모든 것이 추락할 것만 같을 때에는 소원과도 닮은 마음을 하늘에 그리네

영원히 이어지는 풍경

僕(ぼく)らが教(おそ)わってなかった本当(ほんとう)の愛(あい)は
時代(じだい)のやるせなさに掻(か)き消(け)された
そんなこと言(い)ってる間(ま)に大人(おとな)に片足突(かたあしつ)っ込(かた)んで
知(し)れば知(し)るほど失(うしな)うものもある　誰(だれ)が匿名希望(とくめいきぼう)？

우리가 배우지 못한 진정한 사랑은

시대의 안타까움에 지워졌지

그런 소리나 하고 있는 사이에 한 걸음 어른이 되고

알면 알수록 잃는 것도 있지 누가 익명을 원하는 거야?

でもね周(まわ)りを見渡(みわた)せば　信(しん)じていたい証(あかし)がある
繋(つな)がっているなんて　気付(きづ)けないと思(おも)ってた

그래도 주위를 둘러보면 믿고 싶은 증명이 있어

이어져 있다는 것 따위 알아차리지 못할 거라 생각했지

本当(ほんとう)に神様(かみさま)がいるのなら　変(か)わり続(つづ)けるのが運命(うんめい)なら
信(しん)じることで憎(にく)しみを　消(け)してほしい
当(あ)たり前(まえ)にある幸(しあわ)せなんて　一(ひと)つもないよ
僕(ぼく)や君(きみ)の願(ねが)いが　永遠(えいえん)でありますように

정말 신이 있다면 끊임없이 변해가는 것이 운명이라면

믿음으로 원망을 지워줬으면 좋겠어

당연하게 존재하는 행복 따위 하나도 없어

나나 너의 소망이 영원하기를

ガンジーも　ナポレオンも　きっと愛を信じただろう
過ちを過ちにしたくないのが僕らだろう？

간디도 나폴레옹도 분명 사랑을 믿었겠지
과오를 과오로 만들지 않는 것이 우리겠지?

誰も誰もいないこの部屋から　扉開けてどこまででも
君からもらった勇気で　よりどりみどり
性別　生まれ　皆それぞれ違ってる　この世界中

아무도, 아무도 없는 이 방에서 문을 열고 어디까지라도
너에게 받은 용기에서 마음대로 골라잡아서
성별, 출생 모두가 각자 다른 이 세상에서

信じていたい　それは愛　探し続ける　I
믿고 싶은 그것은 사랑 계속해서 찾는 I

sanagi －POSSIBILITY－

僕らはずっと　待ってたんだ
陽の光を完璧な時代を
決して逃げたように　見えたのは臆病に
なったからじゃなく　ずっと耐えてたんだ
木枯らしや　長い夜の間
蓄えたのは希望と理想郷　増す想像
現実は冷たくも厳しくもやさしくも時に変わる
だからこそ夢中になれる　失敗や失態は糧に変わる

やらずに後悔するくらいならば　やって後悔したい生涯
蛹はいつか希望を胸に　so fly

우리는 계속 기다리고 있었지
태양의 빛을, 완벽한 시대를
도망친 것처럼 보이는 것은 결코 겁이
나서가 아니야 계속 참고 있었던 거지
건조한 겨울바람이나 기나긴 밤의 어둠
계속 쌓아온 것은 희망과 이상향 늘어가는 상상
현실은 차갑게도 험난하게도 상냥하게도 때때로 변해가지
그렇기 때문에 정신없이 몰두할 수 있어 실패나 실수는 삶의 양식이 되네
해보지도 않고 후회할 바에야 하고서 후회하고 싶은 생애

僕ら現実と理想郷で
揺れる心境をまたノックした
臆病者だと風は笑う　だけどまだ
見た事がないものが見たくって
夜空の下で　僕ら蝶に変わる
星たちは瞬いて僕ら誘う "fly high in the sky"

우리들 현실과 이상향 사이에서
흔들리는 심경을 다시 노크했지
겁쟁이라고 바람은 비웃네 하지만 아직
본 적 없는 것이 보고 싶어
밤하늘 아래 우리는 나비가 되네

遠く遠く空まだ上空高くいつになれば届く
星はあんな目立って輝いて瞬いてまた光ってる

僕らは動けずに飛び立つことは今できずに
本当の醜い自分の姿に向き合うことさえもできずに
でもだれかに代わることはできなくて
見たい未来は自分次第で
だから明日のため　今はグッと力溜める
まだ届かない夢だとしても　正解なんてないこの世界
いつか輝くはずなんだ　きっと

머나먼 머나먼 하늘 그보다 상공 더 높이 언제쯤 닿을지
별은 저렇게나 뚜렷하게 빛나고 깜빡이고 다시 빛나고 있어
우리는 움직이지 못한 채 지금은 날아오르기조차 못한 채
하지만 누군가가 대신해 줄 수는 없어서
보고 싶은 미래는 하기 나름이고
그래서 내일을 위해 지금은 힘을 모아
아직 닿을 수 없는 꿈이라 해도 정답이란 없어 이 세상
언젠가는 빛날 거야 분명

僕ら現実と理想郷で
揺れる心境をまたノックした
臆病者だと風は笑う　だけどまだ
見た事がないものが見たくって
夜空の下で　僕ら蝶に変わる
星たちは瞬いて僕ら誘う　“fly high in the sky”

우리들 현실과 이상향 사이에서
흔들리는 심경을 다시 노크했지
겁쟁이라고 바람은 비웃네 하지만 아직
본 적 없는 것이 보고 싶어

밤하늘 아래 우리는 나비가 되네
별들은 깜빡이며 우리를 부르네 “fly high in the sky”

イメージ通りにはいかない事もあんだぜ
だってまだ未完成　飛び損ねた何遍
羽の傷だってもう何千何万重ねたって知りたいんだ風の音
この羽で味わいたいんだ空の音
だって現実は時に想像をすらも超える
聞こえたのは友のエール
恐さだって不安だって誰の中にだっていつもあって
ボロボロのその羽にだって空舞う力は残されてる
傷つく分だけ輝ける　まだいける　飛びたて　羽ばたけ
何度だって挑戦　空に向かって

이미지대로는 되지 않는 일도 있어
아직 미완성인걸 날아오르기에 실패한 몇 번인가
깃털의 상처가 몇 천 몇 만 더해지더라도 알고 싶어 바람 소리를
이 깃털로 맛보고 싶어 하늘의 소리를
현실은 때로 상상마저 초월하니까
들려온 것은 친구의 응원
공포나 불안은 내 안에도 언제나 있고
너덜너덜한 그 깃털에도 하늘을 날 힘은 남아 있어
상처 받는 만큼 빛날 수 있어 아직 할 수 있어 날아올라 날갯짓해
몇 번이든 도전 하늘을 향해

僕ら空を飛ぶ方法さえも
分からぬまま羽を天に伸ばす
未熟な奴だと風は笑う　だけど今

胸の中で高ぶる情熱を
殻の中で描いた冒険を
翼の力に変え天を翔る　“fly high in the sky”

우리들 하늘을 나는 방법조차도
모르는 채로 깃털을 하늘로 뻗네
미숙한 녀석이라고 바람이 비웃어 하지만 지금
가슴 속에서 끓어오르는 정열을
껍질 속에서 그리던 모험을
날개의 힘으로 바꿔 하늘을 날아 “fly high in the sky”

未来へ　飛立つ細胞を醒まして
雨の日も　落雷も　逃げだしたくなるような日も
羽ばたいて　曇り空光射して
願いを　思いを　胸に羽広げ　on the wind

미래를 향해 날아오르는 세포를 깨워서
비 내리는 날도 떨어지는 번개도 도망치고 싶어지는 날도
날갯짓해 흐린 하늘에 햇살이 비추고
소원을, 마음을 가슴에 날개를 펼쳐 on the wind

おはようございます

おはようございます

田　中：おはようございます。

鈴　木：あ、田中さん、おはようございます。

田　中：今日は いい天気ですね。

鈴　木：そうですね。ほんとうに いい天気ですね。
　　　　ところで、田中さん！
　　　　韓国へは いつ いらっしゃいますか。

田　中：今週の土曜日に行く予定です。

鈴　木：土曜日ですか、お楽しみですね。
　　　　それでは、お気をつけて。

田　中：どうも ありがとう。

새로 나온 단어

- 田中(たなか)
- 鈴木(すずき)
- 今日(きょう)
- 天気(てんき)
- 韓国(かんこく)
- 今週(こんしゅう)
- 土曜日(どようび)
- 行く(い)
- 予定(よてい)
- 樂(たの)しみ
- 気(き)をつけて

はじめまして

はじめまして

李有美：はじめまして。
韓国へ ようこそ。
わたしは ソウル旅行社の李有美です。
どうぞ よろしく お願いいたします。

田　中：はじめまして。
わたしは田中です。
どうぞ よろしく。

李有美：これは わたしの名刺です。どうぞ。

田　中：どうも ありがとう。

李有美：今日、お宿りになるホテルはロッテホテルでございます。
それでは、ご案内いたします。

새로 나온 단어

- 旅行社(りょこうしゃ)
- お願(ねが)い
- 名刺(めいし)
- お宿(とま)り
- ご案内(あんない)

いらっしゃいませ

いらっしゃいませ

ドアーマン：いらっしゃいませ。
　　　　　　ロッテホテルへようこそ。
　　　　　　ただいま ベルマンがご案内いたしますので、
　　　　　　少少 お待ちください。

田　　中：ありがとう。

ベルマン　：いらっしゃいませ。
　　　　　　お荷物はいくつですか。

田　　中：二つです。

ベルマン　：フロントへご案内いたします。どうぞ こちらへ。

田　　中：ありがとう。

새로 나온 단어

- 少少(しょうしょう)
- お待(ま)ちください
- 荷物(にもつ)
- 二(ふた)つ

お名前をお願いいたします

お名前をお願いいたします

フロント：いらっしゃいませ。

田　　中：チェック・インしたいんですが。

フロント：はい、かしこまりました。
お名前をお願いいたします。

田　　中：田中といいます。きのう予約しました。

フロント：ただいま 確認いたしますので、
少少 お待ちください。
東京の田中様ですね。

田　　中：ええ、そうです。

フロント：こちらにお名前と ご住所をお願いいたします。
お部屋は7階の703号室になります。
ベルマンがお部屋までご案内いたします。
では、どうぞ ごゆっくり。

새로 나온 단어

- 名前(なまえ)
- 予約(よやく)
- 確認(かくにん)
- 東京(とうきょう)
- 7階(ななかい)
- 住所(じゅうしょ)
- 部屋(へや)
- 様(さま)
- 703号室(ななひゃくんさんごうしつ)

エレベ-タ-はこちらです

エレベーターはこちらです

ベルマン：お部屋までご案内いたします。どうぞ こちらへ。
エレベーターはこちらです。お先にどうぞ。

田　中：ありがとう。

ベルマン：お待たせいたしました。7階です。
お部屋は右手になります。

田　中：どうも。

ベルマン：こちらのお部屋です。どうぞ。

田　中：ありがとう。

ベルマン：お荷物は こちらに置きます。
非常口はあちらで、浴室はこちらです。
では、どうぞ ごゆっくり。

새로 나온 단어

- 先(さき)
- 右手(みぎて)
- 置(お)きます
- 非常口(ひじょうぐち)
- 浴室(よくしつ)

ご注文はお決まりですか

ご注文はお決まりですか

ウェートレス：いらっしゃいませ。何名様でございますか。

田　　中：　二人です。

ウェートレス：二名様ですね。
お客様！ こちらへ どうぞ。

ウェートレス：ご注文はお決まりですか。

田　　中　：ええ。わたしは コーヒー、李さんは？

李　：　わたしはつめたいオレンジ・ジュースをお願いします。

ウェートレス：はい。コーヒ と オレンジ・ジュースですね。
かしこまりました。 少少　お待ちください。

ウェートレス：お待たせいたしました。
コーヒー と オレンジ・ジュースでございます。
どうぞ、ごゆっくり。

새로 나온 단어

- 注文(ちゅうもん)
- 決(き)まり
- 何名(なんめい)
- 二人(ふたり)
- 二名(にめい)
- 客(きゃく)

ただいま お持ちいたします

ただいま お持ちいたします

ウェートレス：いらっしゃいませ。
二名様ですね。こちらへ どうぞ。

田　　中：どうも。

ウェートレス：ご注文はお決まりでしょうか。

田　　中：ええ、まず カルビ 二人前お願いします。
それから ビールも一本ください。

ウェートレス：はい、かしこまりました。
カルビ 二人前に おビールが一本でございますね。
少少 お待ちください。

田　　中：あ、それから お水、もう一杯お願します。

ウェートレス：どうも、失礼いたしました。
ただいま お持ちいたします。

새로 나온 단어

- 二人前(ににんまえ)
- 一本(いっぽん)
- 水(みず)
- 一杯(いっぱい)
- 失礼(しつれい)

お下げして よろしいでしょうか

お下げして よろしいでしょうか

ウェートレス：失礼いたします。
　　　　　　　お下げして よろしいでしょうか。

田　　中：はい、どうぞ。

ウェートレス：デザートは 何になさいますか。

田　　中：何が ありますか。

ウェートレス：いろいろ 用意されてございますが、
　　　　　　　アイスクリームにコーヒーと紅茶、
　　　　　　　それから 果物類などがございます。

田　　中：う～ん、アイスクリームにします。

ウェートレス：はい、かしこまりました。
　　　　　　　少少 お待ちください。

새로 나온 단어

- お下(さ)げして
- 用意(ようい)
- 紅茶(こうちゃ)
- 果物(くだもの)
- 類(るい)

何時の出発ですか

何時の出発ですか

李有美：田中さん！今日は おつかれさまでした。
　　　　それから、あしたは 慶州の観光なので
　　　　朝はやいんですが。

田　中：何時の出発ですか。

李有美：7時ちょうどの出発です。

田　中：そうですか、ちょっと はやいですね。

李有美：でしたら、モーニング コールをたのみましょうか。

田　中：そうですね。 5時半にお願いします。

李有美：はい、わかりました。
　　　　5時半のモーニング コール、たのんでおきます。
　　　　では、 あしたの朝 また お目にかかります。
　　　　おやすみなさい。

새로 나온 단어

- 観光(かんこう)
- 朝(あさ)
- 何時(なんじ)
- 出発(しゅっぱつ)
- 半(はん)
- 目(め)

すみません

すみません

田　　中：すみません。
ロッテ デパートへ 行きたいですが。

ホテルマン：はい、ロッテ デパートでございましたら、
このホテルの前の大通りを左の方へ まっすぐ
行きますと信号があります。
その信号を右にまがって一つ、二つ目の
ビルが ロッテ デパートでございます。

田　　中：すみません、ちょっと 書いてもらえますか。

ホテルマン：はい、かしこまりました。
では、お気を付けて、どうぞ。

田　　中：どうも ありがとう。

새로 나온 단어

- 前(まえ)
- 大通(おおどお)り
- 左(ひだり)
- 右(みぎ)
- 信号(しんごう)
- 一(ひと)つ
- 書(か)いて

いくらですか

いくらですか

店　員：いらっしゃいませ。なにか お探しでしょうか。

田　中：お土産を 見ているんですが。

店　員：いろいろございますので、どうぞ ご覧くださいませ。

田　中：すみません。あれは いくらですか。

店　員：はい、いしのりですね。5万ウォンです。

田　中：それを 三つください。

店　員：ありがとうございます。
ほかに なにか お探しの品は ございませんか。
キムチ セット なんかは いかがでしょうか。おいしいですよ。

田　中：キムチですか。ちょっと からそうにも見えますが、
やっぱり 本場のキムチは おいしそうですね。
はい、これも 三つください。

店　員：はい、かしこまりました。合わせて 30万ウォンになります。
どうも ありがとうございました。

새로 나온 단어

- 店員(てんいん)
- 探(さが)し
- 土産(みやげ)
- 覧(らん)
- 石(いし)
- 5万(ごまん)
- 品(しな)
- 見(み)えますが、
- 本場(ほんば)
- 三(みっ)つ
- 合(あ)わせて
- 30万(さんじゅうまん)

お支払は どのようになさいますか

おはようございます

田　　中：チェック・アウトを お願いします。

キャッシャー：はい、かしこまりました。
お部屋のかぎをいただけますか。
703号室の田中様でございますね。
少少 お待ちください。
お待たせいたしました。
三泊の宿泊料に お食事代などを 合わせて、
965,000ウォンでございます。
お支払は どのようになさいますか。

田　　中：クレジットカードで お願いします。

キャッシャー：はい、少少 お待ちください。
こちら領収証でございます。
ありがとうございました。また お越しください。

새로 나온 단어

- 支払(しはらい)
- 三泊(さんぱく)
- 宿泊料(しゅくはくりょう)
- 食事代(しょくじだい)
- 領収証(りょうしゅしょう)

참고자료

윤석희, 관광 일본어 회화, 백산출판사, 2008.

최기종, 관광 일본어 입문, 백산출판사, 2007.

박진원, 관광 호텔 실무 일본어, 백산출판사, 2009.

강기석, 디지털 기초 일본어 회화, 백산출판사, 2008.

김태연, 실무 중심 관광 일본어, 백산출판사.

김연식, 손숙자, 유혜경, 기초 일본어, 백산출판사.

최기종, 김정남, 관광 실무 일본어 회화, 학문사.

정찬희, 관광 호텔 실무 일본어, 기문사, 1996.

안철, 일본어 첫걸음, 혜원출판사.

김순하, 일본어 회화, 백산출판사.

김은주, 관광 일본어 회화, 백산출판사.

김순하, 관광 일어, 대왕사.

오현정 외 4인, 다이나믹 일본어, 다락원, 2006.

강명호, 기초 관광 일본어, 백산출판사, 2004.

저자소개

신 길 만
이학박사
경기대학교 관광경영대학원 졸업
조선대학교 일반대학원 졸업
초당대학교, 전남도립대학, 국립순천대학교 조리과학과 교수
한국조리사관전문학교 호텔제과제빵학부 교수

이 덕 구
계명대학교 일어일문학과 졸업
日本 立正大学校 국문학 석사
전북대학교 고고문화인류학 박사
현) 혜전대학교 호텔관광경영과 부교수

실무 기초일본어회화

2015년 3월 10일 초판 1쇄 인쇄
2015년 3월 15일 초판 1쇄 발행

지은이 신길만 · 이덕구
펴낸이 진욱상 · 진성원
펴낸곳 백산출판사
교 정 편집부
본문디자인 편집부
표지디자인 오정은

저자와의 합의하에 인지첩부 생략

등 록 1974년 1월 9일 제1-72호
주 소 서울시 성북구 정릉로 157(백산빌딩 4층)
전 화 02-914-1621/02-917-6240
팩 스 02-912-4438
이메일 editbsp@naver.com
홈페이지 www.ibaeksan.kr

ISBN 979-11-5763-029-5
값 15,000원